いにしえの散歩道

大津荒丸
OHTSU AREMARU

幻冬舎MC

いにしえの散歩道

目次

時代・文化の章

言葉・文字の章

人物の章

はじめに

中学・高校時代に歴史、特に古代を学んだ時、納得できない事柄がいくつかあった。一例を挙げると福岡県の志賀島から出土した金印である。「漢委奴国王」と彫られた文字を「カンノワノナノ国王」と読むと教えられた。その時感じたことは「ナ国王」に金印が贈られたなら、「ワ国王」にはどのような印が贈られるのかという疑問だった。また「ワ」と読む文字は写真で見る限り「委」であり、この文字は「イ」としか読めないはずだと思った。

長ずるに及び、世間的な常識や政治に関する知識を身につけると、「カンノワノナノ国王」に金印を下賜する行為があり得ないとの思いが強くなった。漢皇帝が「ワ国王」の頭越しに「ナ国王」と交渉すること自体、「ワ国王」に失礼な越権行為であり、外交において考えにくい。勘ぐるならば、漢皇帝が「ナ国王」に「ワ国」を倒すよう促していることも考えられる。

実際にはこのような意味合いを持つ金印とは考えられないので、「カンノワノナノ国王」の読み方が間違っていると理解すべきだろう。印に彫られた字面通り「漢の委奴国王」と読めばよい。では「委奴国」はどこに存在するのだろう。この点の考察は後の「金印」の話題で述べたい。

古代史の疑問点や納得できないところ、違和感を覚える部分を考えると、歴史学者の性癖に気づく。その一つが「つまみ食い」である。前述の「ナ国」についても、『三国志』の魏志東夷伝・倭人（いわゆる『魏志倭人伝』）の中に、卑弥呼の国邪馬台国に至る途中に「奴国」が見られる。この「奴国」を「つまみ食い」して「ワノナノ国」と読ませているようだ。三世紀に在った「奴国」が、一世紀において存在した証拠はない。

「つまみ食い」と関連するが、歴史学者にみられる性癖に「推理小説マニア」的思考がある。推理小説において犯人は必ず登場人物の中にいる。そうでなければ小説は成立しない。しかし実際の犯罪事件では、犯人の可能性は被害者本人から家族、知人そして行きずりの他人まで無数存在する。その中から可能性のない者を消去して残った犯人を探す。これが犯罪捜査の常道だと思う。文献上に知られた人物に直ちに対応を求めるのではなく、広くそれ以外の該当者が存在する可能性を思考の片隅に置くことが大切だろう。

その「推理小説マニア」的な例が、『隋書』に記された「倭王あり、姓は阿毎、字は多利思比孤」に対応する人物である。教科書には「日出る処の天子、書を日没する処の天子に致す、恙無《つつがな》きや」の国書を引用し、この人物を聖徳太子としている。『隋書』の倭王を聖徳太子とする根拠はどこにあるのだろうか。『古事記』『日本書紀』（以下『記紀』と記す）に登場する人物から探すという、推理小説マニアの思考法により、他の不一致に目をつぶって導き出された答えが正しいと言えるのだろうか。

また考古学者は遺跡の発掘に際し、発見をすぐ文献学上の登場人物に結びつけたがる。古墳の発掘調査をすれば卑弥呼の墓だろうと考え、大規模な環濠集落が見つかれば邪馬台国だという。その論拠は時期が一致する程度のことであっても、いつの間にか定説になることもある。学者は成果を求められる故に発見物に何らかの仮説を立てる必要が生じる。性急に結論に至るために、手っ取り早く史書の記述に根拠を求めがちになる。

また「知っていたけれど書かなかっただけかもしれない」解釈も、歴史学者がよく採る立場である。邪馬台国や「倭の五王」に関して『記紀』は全く記載していない。『記紀』編纂の実務者は、国史とは何かを知るために、中国の史書を参考にしたはずである。

『宋書』によれば「倭の五王」は大将軍を自称し、皇帝に大将軍位の除正を繰り返し求めた。「倭王武」はついに安東大将軍に除された。しかし『記紀』には歴代のどの天皇も大将軍位を望んだことや、除正されたことに関する記事はない。

『記紀』の編纂者は「天皇が大将軍に除されたことを知っていたが記さなかった」のか、「除されたことを知らなかったので記載できなかった」のか、それとも「天皇家とは関係がなかったので書かなかったのか」などを比較検討すれば、答えは明らかだろう。『宋書』に書かれた倭国の記事を無視する態度は、「大和天皇家」がこれらの史実と無縁であることを物語っているが、「書かなかっただけかも」解釈を執拗に推し進める歴史学者には自身が陥る悪癖に気づいてほしいと思う。

前段で「大和天皇家」と書いたが、一般的には「大和大王家」と表現されている。しかし本随筆では「大和王権・大和大王家」という用語は空疎で意味をなさないと論じている。倭国全体に支配を及ぼす「大和政権」に先行し、大和あるいは近畿地域にのみ影響力を持つ政治勢力として「大和王権・大和大王家」に代わり「大和王朝・大和天皇家」と表現することにした。

なおここでの論述の中には先人がすでに気づき発表されている内容も多くあると思

う。ただこの著述の中に一片のオリジナリティーを感じる部分があれば、さらに専門的に探究していただきたい。

古代の散歩道を辿り歴史を眺める案内書として、以下の四書の文庫本を参考にした。『古事記』、『日本書紀（一〜五）』、『魏志倭人伝・後漢書倭伝・宋書倭国伝・隋書倭国伝』、『旧唐書倭国日本伝・宋史日本伝・元史日本伝』の四書八冊で、岩波書店の文庫本である。文庫版を参考にした理由の一つは、携行が容易であったからである。

また日本古典文学大系の『古事記・祝詞』と『日本書紀』も見たが、注釈や解説に歴史の流れとは無縁の専門的な情報が多すぎた。確証のない説の引用が散見され、文庫版の注釈や解説で十分役に立った。なお『古事記』に記された天皇の記事を引用する場合、「〇〇天皇記」とし、『日本書紀』の引用の際は「〇〇天皇紀」と書いた。

小高い散歩道から歴史の大きな流れを俯瞰しながら、疑問や違和感のない日本の古代像をイメージしたいと思う。

第一話　古代の史書と読み解き方

歴史の大きな流れを振り返る時、必要なものは古代の史書である。古代日本を記述する史書には、中国から見たものと日本独自に編纂したものがある。歴史の大河を遊覧する時、両者が羅針盤としてどのような方向を教えてくれるのかを考えたい。

まず中国の史書については、二つの理由から高い信頼性を期待して良いと思う。古代中華民は漢字という道具を発明した。その端緒は亀甲や獣骨を焼き、生じる裂け目から天命、神意を読み取る卜《ぼく》（占い）である。戦のまえに神に戦う意味を問い、必勝を祈念したと言われている。裂け目のパターンを符号化したものが甲骨文字として知られた最初の漢字である。その後字形の変遷を経て現在に至っている。

卜（占い）に由来し超自然的な力、神聖な意味を文字が秘めていると、古代の人々は考えていただろう。それを偽りの記述の道具として用いることには大きな抵抗があったはずだ。中華の帝国の日々を記録する役目を持つ「史官」は、偽りの記述を強要された時、死をもって抵抗する者もいたと伝えられている。時代が進むにつれて宗教的色彩は薄まり、現代では嘘偽りを平然と記すことが横行していることを考えると、古い時代の史書ほど信頼性が高いと思える。

古代中国の記録に信頼をよせるもう一つの理由に、古代中華民の無類の記録好きが挙げられる。黄河文明が現代にも影響を及ぼす分野がいくつかある。前述した卜易《えき》は生活に不可欠ではないにしろ、現代生活に吉日選びや占い遊びの形で残っている。

科学的に意義を認められる分野に、鍼灸術《しんきゅうじゅつ》や本草学がある。鍼《はり》や灸の施術の有効性は現代医学でも認めるところである。ただ中国医学に重要な「経絡」の存在は、現代医学の手法では解明出来ていないが、施術を試行錯誤した記録の蓄積の成果だろう。本草学は動、植、鉱物の特性、特に薬効、毒性についての膨大な記述から成り立つ。

経験から得られた多量の情報は、一人の天才、一個人の記憶力に頼るには限界を超えているように思える。発明された文字を用い、記録を残し、総合し、体系化することにより、一学問分野として成立させたのだろう。しかし誤った記録が多ければ学問体系の信頼性を損なう。特に鍼灸術のような人体に関する試行錯誤には、細心の注意を払って記録することが必要であったことは言うまでもない。

以上のように古代中華の人々は正確な記録を心掛ける精神的、かつ実用的素養があったことがわかる。ただ同時代的な意味での著作物は逸失し、複写が繰り返されたものしか残っていない点、誤写、脱字の可能性は念頭におくべきだろう。

また中国と倭国の関係を考慮したい。歴史書の多くは勝者の記録である。中国において前王朝の悪政や不徳により天命が革《あらた》まる（易姓《えきせい》革命）思想がある。したがって前王朝あるいは新王朝に敵対した勢力の悪行が歴史書に盛り込まれることになる。辺境にある倭国はそのような敵対、利害、競合関係がなく、歴史書における客観的な記載が期待できる。風土、風俗、産品や旅程などの記事が多く、作為の入る余地は少ないと考えていいのではないだろうか。

他方日本の古代史書、主に『記紀』にどう対応すべきだろうか。無類の記録好きだった古代中華民に比べ、古代の日本人は文字（漢字）の導入が遅れたこともあって、文章より言葉を重視する傾向にあった。「言霊《ことだま》」という表現は言葉に霊力を感じていた証拠である。『魏志倭人伝』に卑弥呼が「鬼道を事とし衆を惑わす」との記事も、恐山の「いたこ」の口寄せのように憑依し神意を人々に伝える様子を示したものと見なされている。文字を創り、文字に神秘性を感じていた中華民と対照的である。

外来の借り物で記述された文書を軽んじる傾向は現代の日本にも引き継がれている。太平洋戦争終結前後の行政府、軍部は記録文書を焼却する暴挙を行い、最近の行政訴訟では官僚が記録を都合良く紛失（？）する行為や、宰相に対する忖度により公文書の改ざんを行うなど、枚挙にいとまがない。

文書を軽視する日本人は国史の編纂にあたりどのような指針を持ったのだろうか。『記紀』を創作物とする見方がある。もしこのことを想定するならば、創作箇所を抽出することはほぼ不可能である。確かに建国に至る神話には荒唐無稽な話が多い。しかし『記紀』を編纂する時点で編纂者達が、創作や捏造をする意図を持っていたとは考えにくい証拠がある。

「継体天皇」（二六代）は「応神天皇」（一五代）の五世孫と記されている。『記紀』編纂時における皇統が、建国の祖である「神武天皇」の直系でないことを隠していない。しかも『古事記』では五世孫に至る祖先の人名は記されず、いかがわしさの残る傍流であることを明記している。もし捏造が可能なら、この条項こそ神武以来の直系に改変できたはずだろう。

国史の編纂とは、その政権の正統性を主張する作業にほかならない。しかしそれをしなかった。なぜ神武直系の歴史を作らなかったのか。あるいは作れなかったのか。

聖徳太子が摂政の時期に、蘇我馬子の主導で「天皇記・国記」の撰がなされた記録はあるが、大化の改新時に蘇我氏の滅亡とともに焼失したとされている。しかし『日本書紀』が「持統天皇」（四一代）まで記載しているにもかかわらず、『古事記』は「推古天皇」（三三代）で終わっている。この事実を勘ぐれば、『古事記』は「天皇記・国記」を参考に選択、抜粋した歴史書との疑問が生じる。

「天皇記・国記」にも、当然継体朝の不連続性を記載したと考えられる。なぜなら継体朝への移行はおよそ百年前の出来事であり、多くの人の伝承や記憶に残っている史実であったから、虚偽の記述はできなかったのだろう。

さらに百年後の『記紀』の編纂に際しても、この史実を隠ぺい、歪曲できなかったのではないだろうか。では『記紀』が創作物でない立場を採るならば、編纂時に資料となるべき情報がどこからもたらされたものかを考慮する必要がある。

『古事記』の序文に「天武天皇」（四〇代）の言葉として「諸家が持っている帝紀と本辞に誤りが多い」と引用されている。帝紀、本辞とは歴代の天皇の記録と考えて良い。

しかしこの時代の記録とは何だろうか。紙はすでに中国で発明されているが、容易に手に入る代物ではない。平城京や平安京跡の出土品に竹簡や木簡があるように、まだ紙は貴重であった。

紙の発明以前の中国では、竹や木を柵状に削り、紐で編んだものに文字を記し巻いた物を記録として保管していた。一巻が相当な嵩と重さなので、時を経るにつれ、保管される巻物は大きな書庫を必要とする。

古代日本に木（竹）簡の巻物やそれを収蔵する書庫の存在を証明する遺物、遺構は皆無と言って良い。したがって前述の帝紀や本辞の編纂時に用いられた情報が記録として残されていたとは考えにくい。文字の伝来が遅れ紙や筆記用具の普及が十分でない時代に、歴史的情報はどのような形で残されていたのだろうか。

民俗学の分野では、固有文字を持たない民族は、建国譚や英雄譚を歌謡や舞踊により代々伝えることが知られている。『記紀』においても歌謡が多く記載され、書物全体が抒情的である。特に数字の少なさに気づく。中国の史書は叙事的で、例えば戦の記録では双方の人数を記述しているが、『記紀』ではほとんどが戦乱の原因と経過の記述である。つまり古代日本人の歴史情報は記録として残されておらず、歌謡や語りに載せられた記憶に依存していたと考えた方が真実に近いのではないか。

『古事記』の序文にも稗田阿礼《ひえだのあれ》という聡明な舎人《とねり》に「日継と旧辞を誦み習わせた」とある。日継と旧辞は天皇家に伝わる事跡の記録ではなく記憶であることが、「誦み習わせた」の表現に示されている。さらに諸豪族が伝えて来た家系、建国の経緯、英雄の活躍等を、稗田阿礼に代表される記憶力の優れた官僚に聴き取らせる作業と解釈できる。『記紀』の原資料はまさにこの記憶と言って良いだろう。

　ではこの情報を基にどのような意図で歴史の編纂、再構築が為されたのか。一番の目的は天皇家の権威を高めることである。日本全体が天皇家を中心に統一された宣言であり、その過程の歴史である。しかしこれは両刃の剣で、一歩誤ると権威が地に墜ちる。誤った記載が次々と指摘されると、天皇家の威信も揺るぎかねない。

「欠史八代」と呼ばれる期間がある。第二代から九代天皇のことで、史実は何も書かれていない。史書に歴史的事柄を書かない意味は、そこに何が書かれているかを吟味すれば理解できる。そこに書かれた内容は后と子供達、外戚と天皇家に繋がる豪族の祖先である。特に『古事記』は史書というより、氏族の出自紹介本の色彩が濃い。奈良時代の大小の豪族が網羅されている。

　この編集目的は氏族の再編と天皇家への系列化である。大多数の氏族が当時の権力者である天皇家との縁戚関係を記した書物を当然尊重するだろう。また天皇家が諸豪族の宗家として一層権威を高めることになり、すべての臣民は天皇家を祖とする形となった。

　かくして史書としての内容に疑義を唱える者はいなくなった。ただし記載史実の正当性、正確さは別問題である。「欠史八代」の天皇は実在したのか、それとも豪族の系列化のために創作された人物だろうか。広く豪族から集めた情報を利用したと考えるなら、「欠史八代」の天皇は豪族の中から、長い系図の情報を持つ氏族や、有力豪族の始祖とされる人物を選抜したのかもしれない。

例として挙げられるのは、「懿徳《いとく》天皇（四代・大倭日子鉏友命《おおやまとひこすきとものみこと》）」である。「景行天皇（一二代）記」で、小碓命《おうすみのみこと》（倭建命《やまとたけるのみこと》）の東征に際し、副官として「吉備臣等の祖、名は御鉏友耳建日子《みすきともみみたけひこ》」の名が見える。「鉏友」が共通するだけで「懿徳天皇」と関係付ける「つまみ食い」をするつもりはない。注目すべきは修飾された文字である。「御」、「耳」、「建」、「日子」の肩書はすべて、高貴で地位の高い優れた指導者像を示している。この人物が小碓命の副官だとすると、小碓命は明らかに位負けしている（引用資料一－一、以下引用資料は巻末の引用資料集を参照）。

『日本書紀』に記された副官の名は吉備武彦とあり（引用資料一－二）、彼等吉備一族の祖先の英雄が「御鉏友耳建日子」ではないだろうか。この開祖「鉏友」からの系図を四代天皇に挿入したと推論できないだろうか。「欠史八代」の天皇はいなかったと考える前に、別の可能性を模索すべきかもしれない。系図の中に新たに組み込まれた天皇が存在する可能性を念頭に置けば、『記紀』の記述の一部を安易に「つまみ食い」すべきでないことは当然だろう。

ただ『記紀』を読み解くと、古代史の流れの中で澪標《みおつくし》となる二つの注目すべき事柄に気づく。一つは前述した皇統の不連続性である。「継体天皇」が建国以来の直系でないことを明記している。もう一つは天皇家の出自である。「神武天皇」と称される天皇家の始祖は九州日向国から移り戦って大和の地に国を得たとなっている。この記述を虚偽と判断する証拠や意味は思いつかない。

この二点を史実と見なし、これを起点として天皇に関して記載された情報が、どの時期、どの場所、どの人（氏族）の記述か疑うべきである。また考古学的な知見を状況証拠として、大きな歴史の流れの中で、未整理状態のデータバンクとしての『記紀』を読み解く姿勢が大切である。

最後に『日本書紀』における天皇の在位期間の連続性について考えたい。『記紀』は中国史書と比較して人数や距離などに具体的な数値を示すことが少ないことは前述した。ところが天皇在位の連続性と整合性に驚かされる。さらに在位年数の正確性は『日本書紀』の数値の扱いの中で異常とさえ感じられる。この数値データを一覧表にした（表1・21ページ）。

この数値についての違和感を突き詰めると、文字という情報媒体を持たない時代に、「神武天皇」に始まり歴代の天皇の即位年を順次繋げて系図を作ったことが有り得ないことに思える。むしろ逆に、年齢や活躍期間などの数値情報を持つ天皇や英雄を、時間を遡って登場させ、開祖（「神武天皇」）まで辿り着くように、『記紀』編纂時に再構成したと想像してしまう。このような着想について後の話題で取り上げるつもりだ。

なお『記紀』には登場人物（特に天皇家の血族）が多く、混乱しやすい。皇位継承の争いや女性関係による内乱などで、登場人物の把握に苦労する。そのため『古事記』の記述から、天皇と妻（后や妃）、子供を網羅した「天皇家族系図」を作成し、巻末にその全容の資料を示した。これを片手に『記紀』を読むことにより、理解が深まり新たな展望が開くこともあった。『記紀』や本随筆を読むときに利用されたい。

表１『記紀』における天皇の数値情報

		古事記		日本書紀				
		享年	没年	立太子年	立太子時年齢	即位年 （　）内は西暦	没年	享年
1	神武	137				辛酉（-660）	神武 76	127
2	綏靖	45		神武 42	21	庚辰（-581）	綏靖 33	84
3	安寧	49		綏靖 25	21	癸丑（-548）	安寧 38	57
4	懿徳	45		安寧 11	16	辛卯（-510）	懿徳 34	
5	孝昭	93		懿徳 22	18	丙寅（-475）	孝昭 83	
6	孝安	123		孝昭 68	20	己丑（-392）	孝安 102	
7	孝霊	106		孝安 76	26	辛未（-290）	孝霊 76	
8	孝元	57		孝霊 36	19	丁亥（-214）	孝元 57	
9	開化	63		孝元 22	16	甲申（-157）	開化 60	（115）
10	崇神	168	戊寅（-43）	開化 28	19	甲申（-97）	崇神 68	120
11	垂仁	153		崇神 48	24	壬辰（-29）	垂仁 99	140
12	景行	137		垂仁 37	21	辛未（71）	景行 60	106
13	成務	95	乙卯（175）	景行 51	（24）	辛未（131）	成務 60	107
14	仲哀	52	壬戌（182.242）	成務 48	31	壬申（192）	仲哀 9	52
	神功					辛巳（201）	神功 69	100
15	応神	130	甲午（274.334）	神功 3	3	庚寅（270）	応神 41	110
16	仁徳	83	丁卯（367）			癸酉（313）	仁徳 87	
17	履中	64	壬申（432）	仁徳 31	15	庚子（400）	履中 6	70
18	反正	60	丁丑（437）	履中 2		丙午（406）	反正 5	
19	允恭	78	甲午（454）			壬子（412）	允恭 42	
20	安康	56				甲午（454）	安康 3	
21	雄略	124	己巳（489）			丁酉（457）	雄略 23	
22	清寧			雄略 22		庚申（480）	清寧 5	
23	顕宗	38	顕宗 8	清寧 3		乙丑（485）	顕宗 3	
24	仁賢			顕宗 3		戊辰（488）	仁賢 11	
25	武烈			仁賢 7		己卯（499）	武烈 8	
26	継体	43	丁未（527）			丁亥（507）	継体 25	82
27	安閑		乙卯（535）	継体 25		甲寅（534）	安閑 2	70
28	宣化					丙辰（536）	宣化 4	73
29	欽明					庚申（540）	欽明 32	
30	敏達		甲辰（584）	欽明 15	（29）	壬辰（572）	敏達 14	
31	用明		丁未（587）			丙午（586）	用明 2	
32	崇峻		壬子（592）			戊申（588）	崇峻 5	
33	推古		戊子（628）	（崇峻 5	39）	癸丑（593）	推古 36	
34	舒明	以下　古事記の記載　なし				己丑（629）	舒明 13	
35	皇極					壬寅（642）	皇極 4	（譲位）
36	孝徳					乙巳（645）	白雉 5（654）	
37	斉明					乙卯（655）	斉明 7	
38	天智					壬戌（662）	天智 10	
40	天武					癸酉（673-1）	天武 15	
41	持統					丁亥（687）		

文献・金文の章

第二話　「倭の五王」と「倭王武」の上表文

古墳時代の政治を反映する一級資料が存在する。『宋書』夷蛮伝にある「倭王武」の上表文である。これを吟味する前に、「倭の五王」が日本史において歴史学者の悪癖にまみれていることを見てみよう。「倭の五王」を一六代「仁徳天皇」(あるいは一七代「履中《りちゅう》天皇」)から二一代「雄略天皇」に比定する歴史書や参考書は多い。しかしこの組み合わせが成立しないことを指摘する在野の歴史研究家の合理的見解は、歴史学者の固陋《ころう》の壁に跳ね返されている。

なぜ「倭の五王」が「大和天皇家」に対応しないかを考察する。まず中国と日本の史書を対応させる根拠がどれほど合理性を持つのだろう。

①五王の親子兄弟関係が、「履中天皇」から「雄略天皇」まで似ている

②讃は「履中天皇」のイザホワケのザの音をうつしかえた

③珍は「反正《はんぜい》天皇」(一八代)の「瑞歯別《みずはわけ》」の瑞の字が転訛した

④済は「允恭《いんぎょう》天皇」（一九代）の「雄朝津間《おあさずま》」の津の字が転訛した
⑤興は「安康天皇」（二〇代）の「穴穂」の穂の字が転訛した
⑥武は「雄略天皇」の「大泊瀬《おおはつせ》幼武《わかたけ》」の武である
⑦『宋書』に載せられた「倭王武」の上表文に「東に毛人を征す」「西に衆夷を服す」とあり、日本の東西の中央部つまり大和に武の本拠地がある

⑦については後述するが、①から⑥のまったく統一性も合理性もない五王＝「大和天皇家」説に以下の五点で反論したい。

(a)歴代天皇の実在証明がない。「古墳がある」「『記紀』に載っている」から実在すると考えるのは、「河童塚がある」「河童伝説がある」から河童が実在すると考えるのと同様非科学的論法だ。

(b)『記紀』には中国南朝（五世紀）宋時代に朝貢や交流についての記述は一切ない。時代を遡るが「神功皇后」の代に、『魏志倭人伝』が引用され、あたかも卑弥呼に対応するかのように工夫されている（引用資料二－一）。このことは『記紀』編纂時に、中国史書を読んでいたことを示しているが、『宋書』夷蛮伝の引用は全く見られない。

(c)『記紀』を読む限り「大和天皇家」に一字名の習慣はない。むしろ修飾を施し長

名にする傾向があることは周知の事実である。

(d)中国側が倭王の改名を行った可能性はあるか。中国史書の倭国に関する記事には、南朝時代以前、以後とも一字名の例はなく、すべて表音漢字を宛てている。『後漢書』に「倭国王　師升」、魏志に「太夫　難升米《なしめ》」「次使　都市牛利《つしごり》」「使太夫伊聲耆《いせき》、掖邪狗《えやく》」、『隋書』に「阿毎多利思比孤《あめのたりしひこ》」など。

　中国南北朝時代の史書における朝貢記事を総ざらいして、この時代の習慣として外国の王や首長の一字改名やその転訛が有り得るのか検討すべきだろう。ただ中国皇帝が「お前の国の王は名前が長すぎる。もっと短い名前を与えよう。」だとか、中国の史官が「こんな長い名前より一文字のめでたい字の名に変えよう。」などの場面を空想するのは面白いが、常識的にはあり得ないだろう。もしあったなら、史官はそのことをも記録するはずだから。

(e)天皇の名の一字を取り出し五王の名と対応させるという陳腐な証明方法を採っているが、そこでは『日本書紀』に載っている天皇名を用いている。『日本書紀』は八世紀の編纂時期の漢字表記法に基づき、書物全体を統一する意図、努力が見られる。例えば「日本」と記して「ヤマト」と読ませている。しかし「倭の五王」の時代（五世紀）にはもっと古い漢字表記があったと考えられる。『古事記』

は原資料をそのまま使用している場合が多いので、より古い漢字表記が残されている。例えば「ヤマト」を「夜麻登」と表記している。したがって古い表記での天皇名を見ると、「雄略天皇」の「武」は「建」となり、「反正天皇」の「瑞」は「水」となり、「倭の五王」＝「大和天皇家」説の根拠となっている③と⑥を否定している。

倭国の五王とは、「記紀」に関係せず、中華の文化に憧れ自ら漢風の一字名に改めた、中国南朝に朝貢する実力がある倭国の群雄の一族と考えるべきだろう。さらに推察するならば、大陸文明の窓口となる北九州の統治者が「倭王」その人だと考える方が合理的だ。この点について後述する。

古墳時代の日本を知る手がかりに、『宋書』夷蛮伝倭国に記載された「倭王武」が南朝劉宋の順帝に送った上表文がある（引用資料二－二）。これがそのまま『宋書』に転載されている。代筆者の手による漢文であろうが、史書に残されるほど中国側に強く印象を与えたものだったと想像できる。

上表文中に当時の倭国の政治状況を示す一節がある。

「……東征毛人　五十五国　西服衆夷　六十六国　渡平海北　九十五国」

読み下せば「東に毛人の五十五国を征伐し、西に多くの夷六十六国を服従させせ、海を北に渡って九十五国を平らげる」となる。日本列島東西への征服譚と読めることから、列島の中央部つまり近畿地方に「倭の五王」の所在地がある、すなわち「大和天皇家」がそれにあたると三段論法的に考える学者は多い。

前述した「倭の五王」＝「大和天皇家」説の支持根拠⑦について、ここで否定する。まず近畿の王が海を渡ってどこを平らげたのか。海を琵琶湖と解釈する学者がいる。湖を渡って北陸の国々を平らげたとの考えだ。『記紀』では琵琶湖周辺を「淡海」の国と表記しているが、琵琶湖を海、北陸を海北と表現した例はない。また北陸へは陸路も拓かれており、ことさら海路を主張することもあり得ないので、海北＝北陸説は考え難い。近畿の北、若狭湾の前には広い日本海があり、対岸ははるか遠くにある。したがって海北の国々は朝鮮半島にあったとする方が納得しやすい。しかし近畿の王が西を征服した後九州から北の朝鮮半島に渡ったとするには、上表文の表現は不十分であり、恣意的すぎる。

倭王の所在地を考える上で重要な鍵は三つの文字、東の「征」、西の「服」、北の「平」である。これらの三文字はすべて征服を意味するのだが、明らかに時間的な、あるいは支配力の違いがある。「征」とは従わない者を討伐に行くことであり、今まで勢力外だった東方の毛人の国に倭王が討ち入ったのである。実際に戦いがあった史実は不明だが、毛人の国は政治的に倭国から独立していたと読み取れる。毛人の国が「毛野《けぬ》国」（『記紀』表記は上毛野、下毛野）だとの推測は、「第一七話」で述べるつもりだ。「毛野国」を含む関東一円は古墳が多く、西日本の国々との経済的、文化的交流は深かったと考えられる。

「服」とは命令や意に従うことで、西日本の六十六国は倭王に服従していた。古墳時代は経済力のある豪族が各地に存在する群雄割拠の時代だと考えられる。この点については「第一〇話」において詳しく論じる。これら群雄は古墳建設事業を通じて、一つの文化圏、経済圏を形成したと推測できる。さらに政治的にも豪族連合のようなまとまりができ、西日本の中心的指導者として「倭王」が君臨したのではないだろうか。

「平」は「平定する」と「穏やか」の意がある。海北の朝鮮半島では、軍事力か外交力かは不明だが、倭王が半島の平穏を保つ努力をしたのだろう。四世紀末から高句麗が勢力を持ち、南の百済、新羅へ圧力を加えていた。倭国としては朝鮮半島の権益を守り、交流のあった百済の後ろ盾となる必要があった。

鍵となる三文字から倭王は東に「征服者」、西に「支配者」、北に「調停者」あるいは「後援者」として臨んでいたことが読み取れる。つまり倭王の所在地は西と東の中間である必要はなく、支配圏である西国のどこかと判断できる。

西日本六十六国を支配していた倭王はどこに居たのだろうか。可能性の高い地域に北九州地方が挙げられる。第一の根拠は、倭王が「調停者」として臨む場合、朝鮮半島の変事に迅速に対応できる位置にあることだ。次に東国への侵出が朝鮮半島に対するより遅れたと見なせる上表文の表現である。歴代の倭王が東へ勢力を拡大し、最後に残った毛人の国五十五国の討伐を、西の衆夷や海北より後回しにせざるを得なかった地政学的事情が読み取れる。

『宋書』には「倭王武」は宋の順帝より「使持節都督倭・新羅・任那・加羅・秦韓・慕韓六国諸軍事・安東大将軍・倭王」に叙綬されたと記されている（引用資料二―二）。倭国を除く五国は朝鮮半島の南半分に密に存在する国々である。

倭王は朝鮮半島の五国の軍事的安寧を保つ大将軍位を受けたことになる。もし倭国の中心が大和にあるとすれば、中国地方や北九州を政治的、軍事的に支配下に置く必要がある。

しかし古墳時代は各地に群雄が割拠していると考えた方がよく、安東大将軍の役割を、大和に求めることは陳腐である。叙官に際し中国から印璽《いんじ》を持った使者が大和まで来れば、この叙位が無理であることは一目瞭然だろう。したがって大将軍位は北九州の豪族に授けられたと考える方が自然だ。

北九州地方は、大陸の文化が日本列島に伝わる入り口に位置する。中国史書は、金印を授与された「漢委奴国王」以後、北九州が倭国の中心だと語っている。『魏志倭人伝』に記された邪馬台国の所在に関して九州説と近畿説の論争がある。近畿説は「倭の五王＝大和天皇家」説に依存しているように思える。五世紀に倭王が大和に君臨しているのだから、二〇〇年遡って卑弥呼が近畿にいてもおかしくないとの考えを背景に、旅程や方位をいじくり回した末に成り立つ説である。「倭の五王＝北九州」説の立場を採った時、邪馬台国を近畿に導く意味が残っているのだろうか。

『古事記』には邪馬台国や卑弥呼に関する記述は全く無い。『日本書紀』の「神功皇后紀」では「魏志に云はく」で始まる朝貢記事を引用している（引用資料二―二）。三九年、「景初三年倭の女王大夫を遣わす」、四〇年、「正始元年……」、四三年、「正始四年倭王……上献す」、六六年、「泰初二年倭の女王訳を重ねて貢献せしむ」の記事が見られる。

ただし前後する国内の記述とは全く関連性がない。『記紀』の編纂者に両者の整合性を得るために、何らかの操作、工夫を試みる意図が全く感じられない。彼らの持っているデータバンクの情報を、単に時系列に合わせて編集、並記したとしか考えられず、女王が「神功皇后」に対応していると読者に思わせる意図があったのだろう。しかし「神功皇后」や他の天皇、皇子、姫君が積極的に朝貢を指図した記事は全く無い。ここにも歴史学者の「書かなかっただけ」解釈の悪癖が如実に現れている。『記紀』に書かれていることを十分吟味するだけでなく、書かれていない事実をもっと尊重すべきである。結果として邪馬台国が「大和天皇家」と関係ないことが、「倭の五王」の考察に付随して導き出される。

「倭王武＝雄略天皇」説が広く流布されているが、成立しえない説であると論じた。これまで歴史学者がなぜこの説に固執するのだろうか。その理由は、「倭王武＝雄略天皇」説が中国史書の時間軸に『記紀』の年代を繋ぎ止める接点になっているからである。天皇の在位年代は、『宋書』夷蛮伝に記載された「倭王武」が宋に遣使を送った昇明二年（西暦４７８年）を「雄略天皇」在位期間に置くことで、前代、後代の天皇の在位年を類推してきた。

もし「倭王武＝雄略天皇」説が成立しないとするならば、再び日本古代史は時の波間に漂い流れることになるだろう。しかしこれは決して不都合なことではない。中国史書に記された倭国の王を天皇に対応させ、所在を大和に求める強迫観念から解放され、もっと多角的な視点から古代史を俯瞰する機会となる。このような姿勢で『記紀』を読むと、巨大な未整理のデータバンクでありながら、宝の山でもあることに気づく。『記紀』を「つまみ食い」するのでなく、データバンクから史実の断片を抽出する試みを心掛けたい。

第三話　数値情報から見る二倍年暦と皇統譜

「第一話」において『記紀』は史実に関して数値情報が乏しい一方、天皇の寿命や天皇位に関する行事（立太子、即位など）の数値情報は異様なほど一貫性、整合性があると述べた。表1（21ページ）はそれらの情報をまとめた一覧表である。

すべての天皇の即位年は「干支」で記されているが、これは六〇年周期で繰り返され、人の生涯に一、二度しか経験しないことなので西暦に容易に換算できる。表では「壬申の乱」（西暦672年）を基準に遡って換算した。

表から受ける違和感は即位情報の連続性だけではない。表の上半分の天皇の情報の方が下半分の後代の天皇のそれより多いことである。一般的には時代を遡るほど情報が曖昧になると考えられるが、逆になっている。『日本書紀』では、立太子年とその時の年齢や享年は主に古い天皇に記載されている。

さらに表を見て誰もがおかしいと思う点は天皇の寿命である。『古事記』では八〇才を超える天皇が一一名、そのうち百才以上の天皇が八名いる。『日本書紀』では天皇在位期間が六〇年以上の天皇が一一名で、「孝安天皇」（六代）の一〇二年が最長である。

これらの疑問点をどう考えるべきなのか。最も安易な解決法は「捏造があった」とすることだろう。あり得ないことが記載されているのだから、編纂者の手によって適当に創作されたとする。しかしこれを是認すれば『記紀』は歴史的文献として全く無価値の物となる。捏造部分とそれ以外との区別をつけることはできない。多分歴史学者は考古学、文献学による状況証拠を突き合わせれば、その区別は可能だと言うかもしれない。しかしこの手法は、自分の都合の良い部分を「つまみ食い」し、不利なことは捏造だとする恣意的な取捨選択を横行させる温床となっている。典型的な例が「倭の五王」の分析だろう（第二話）。

この著述では創作による捏造はなかったことを前提に議論している。すでに述べたように「継体天皇」（二六代）を傍流とする姿勢は、『記紀』編纂者に捏造する意志があることを感じさせない。また「神功皇后紀」において『魏志』を引用して、皇后が邪馬台国の卑弥呼に対応させようとする意図はありそうだが、皇后が「親魏倭王」の金印を授与されたとか、使大夫伊聲耆を遣わせたとの捏造は一切していない（引用資料二－一)。根本の歴史の流れを捏造する意図を感じさせない編纂者の編集態度を考えるなら、瑣末の数値を操作するとは思えない。

繰り返すが、この著述では『記紀』編纂時に集められた膨大なデータバンクにない、創作行為による捏造は行われなかったとの立場を採っている。これに沿って前述した数値情報の不可解な点を考察したい。

最初に天皇の長寿に関して取り上げるが、すでに多くの在野の歴史研究者が合理的な解釈を述べている。ここでは「二倍年暦」という常識化しつつある知見の復習をすることになる。中国の史書を見ると面白い共通点がある。『魏志』から南北朝の『梁書』による倭国の記述に「其人（倭人）寿考（長寿）、或百年或八九十年」とある。隋以前の中国では「倭人は長命で八十～百才の者が多くいる」とされていた。つまり百才を越える人がいてもおかしくないとの認識である。あたかも弥生、古墳時代にすでに高齢、長寿社会が実現していたかのようである。実際には食料や衛生事情から考えてあり得ない。

数字をよく眺めると意外にとんでもない数字がないことに気づく。「齢三百才、五百才」と捏造しても良いところだが、すべてが二百才以下になっている。最も長寿の「崇神《すじん》天皇」（一〇代）で一六八才である。

これらの数値の意味を理解する上で中国史書の記載が重要だと考えられる。『晋書』には「不知正歳、四節」とあり、倭人の風習には「正しい年紀や四季を知らない」と見なされていた。その後に「但計秋収之時、以為年紀」（但し秋の収穫の時を計り、もって一年とする）と続く。この文を見ると秋から次の秋までを一年とするように読みとれるが、丸一年の中には四季があり、「不知正歳四節」とは相いれないように思える。

この謎解きの情報を与えるのが、『魏志倭人伝裴松之注（魏略逸文 岩波文庫）』である。そこには「其俗不知正歳四時 但記春耕秋収 為年紀」（倭国の風俗では正しい年の数え方や四季を知らない。ただ春の農耕期と秋の収穫期をもって一年と記す。）とある。つまり春と秋に一年の始まりがあり、現在の一年（正歳）の二倍年暦となることを伝えている。

前述の『晋書』に「秋の収穫期をもって一年とする」の解釈で「秋から次の秋まで」とする考えに違和感を示した。中華民は古代から現在に至るまで「春節」を一年の始まりとしていた。したがって『晋書』の記述は春からの一年は当然だが、秋からも一年（現代的に言えば半年）が始まるとの意味ではないだろうか。このように理解すれば裴松の注釈と同様、春と秋に始まる半年を一年とする数え方を採っていたと考えられる。

古代の天皇が長寿であるが二百才を超えない理由はこの二倍年暦で合理的に説明がつく。最長寿の「崇神天皇」の百六八才が実際は八四才とすれば、単に長生きしたのだと言える。

『記紀』の中でいつまで二倍年暦の情報を用いていたのだろうか。『古事記』では「雄略天皇」（二一代）が百二四才、「顕宗天皇」（二三代）が四三才となっており、「雄略天皇」の時代が二倍年暦の最後かもしれない。中国史書『隋書』には「正月一日には矢を射て戯れ 酒を飲む」とあり、隋代の倭国では中国式の「正歳」の暦を用いていたと考えてよい。

ここまでの議論は、『記紀』と中国の史書を照合すれば古代天皇の寿命が二倍年によって述べられていることをきわめて合理的に明らかにしている。当然二倍年暦に基づいて「神武天皇」の建国年の補正が試みられている。単純に計算すれば「神武天皇」の即位から「雄略天皇」の没年までの一一四〇年の半分となる。「雄略天皇」の次に即位した清寧《せいねい》天皇の即位年が庚申年とあり、西暦４８０年が有力である。したがって二倍年の補正により「神武天皇」即位はＢＣ85年となり、弥生中期に対応する（表2・44ページ）。「神武天皇」が日向から大和へ向かった時期がこの数値で妥当かどうかは、別の話題になる。「神武天皇の東進」については別の話題で取り上げる。

次に『記紀』における天皇に関する数値情報に関して、古代の天皇が後代の天皇より多いという逆転現象がある。表1では『古事記』での天皇の没年と享年（寿命）、『日本書紀』での立太子の年とその時の年齢、即位年、没年と享年の七数値を示した。明らかに二代から一七代天皇の数値情報が多い。常識的には古い時代より新しい時代に、より多くのデータが残っていると考えられる。

この常識論を軸に発想を推し進めるならば、初代「神武天皇」から「履中天皇」までの数値情報の多いグループは時代を下げるべきではないだろうか。

一つの着想として、『記紀』に示された皇統が、数値情報の多いグループと少ないグループとの間で「接ぎ木」された可能性である。『記紀』をこの観点から読み解くと、いくつか気になる記述がある。

①「成務天皇（一三代）記」には「近淡海の志賀の高穴穂宮に座す」とある。建前論で言えば、「宮」とは天皇が住まう処、皇居であり、そこで政を執り行う。ただ実際には天皇が住めばどんな建物でも「宮」と名付けられる。つまり「成務天皇」が近江（滋賀県）で政治を行ったというより、そこに住んでいた、出自が近江であることを示していると考えた方が良い。

②「仲哀天皇」（一四代）は悲劇の人である。角鹿《つぬが》（敦賀、福井）、穴門（山口県）、筑紫（福岡県）を転々と移動し、不可解な死を遂げた。御陵は河内（大阪府）にあり、大和以外の地に造られた初めての例である。

③「神功皇后」は「仲哀天皇」の死後、六九年間（二倍年で考えると三五年）の長きにわたり摂政の地位にあった。『古事記』では「仲哀天皇記」の大部分が「神功皇后」の記述で占められ、『日本書紀』では別項として取り上げられている。なぜ女性（皇后）摂政の時期が必要だったのか。今までの話題で言及しているが、邪馬台国に女王が君臨していたからだろう。『記紀』編纂時に集められた情報の中には、九州における史実や伝承も多く存在したと考えられる。それらを『記紀』に取り込む為に、六九年の長きにわたる女性（皇后）指導者が必要だったのではないだろうか。

④「応神天皇」（一五代）は「神功皇后」の摂政期間が長かったので、即位年齢は六九才（二倍年で修正すれば三五才）となるが、これは不可解なことと思われる。一般的な考え方からすれば、幼君が成長すれば速やかに政権を還すものだ。「応神天皇」は成人しても「神功皇后」が亡くなる壮年（三五才）まで天皇位に就けなかった。なぜだろう。この理由に関する一解釈は後述する。

さらに気づくことは、「応神天皇」以降皇居を河内や難波に、御陵も河内に造られる例が多く見られる。通称「河内王朝」と言われるものである。

以上の四つの注目点を、皇統を「接ぎ木」した痕跡と考えると、二つの系統に分けることができる（表2）。日向出身で「神武天皇」から一七代続く数値情報が多い系統と、近江出身の「成務天皇」から「武烈天皇」に至る河内に勢力を持つ系統である。これらの二系統が敦賀（福井県）出身の継体王朝に引き継がれる。

上の推論は『日本書紀』のデータを用いて論じたが、『古事記』のデータにも注目するべきものがある。それは「成務天皇」から「允恭天皇」（一九代）までの没年と享年が明記された数値情報の塊が見られる（表1）。七代も続くことは他の箇所にはない。またこの七代が前述した『日本書紀』の「接ぎ木」の痕跡部分と重複している。『古事記』の数値情報のうち、「仲哀天皇」の享年と「允恭天皇」の没年のみが『日本書紀』のものと一致しているにすぎない。このことは「成務天皇」から「反正天皇」（一八代）までの数値情報が、別人のものと並記されていた可能性を思わせる。つまり日向出自の「神武天皇」系列と近江出自の「成務天皇」系列のそれぞれに属す二人の人物のデータ合成により、一連の皇統が再構成されたのではないかという問題提起である（表2）。

二系統に属する人物達は、当然没年齢は異なっている。系統を一本に再編するためには、時間軸の調整が必要となるだろう。前述した「応神天皇」の即位が遅れた（二倍年を考慮すると三五才）理由も、この時間軸を操作することによる結果かもしれない。

天皇の和名について、称号と名前を分解した表（表3－1、3－2・45、46ページ）を示した。ここにも前段で述べた内容に合致する状況証拠があった。「神武天皇」の「磐余《いわれ》」、「景行天皇」の「忍代《おしろ》」のように明確な名前が見られる天皇がいる。ところが「成務天皇」、「仲哀天皇」、「神功皇后」は称号のみで名前がない。「神功皇后」の「気長《おきなが》」は地名または族名である。また「応神天皇」の「誉田《ほむた》」、「仁徳天皇（一六代）」の「鷦鷯《さざき》」、「履中天皇（一七代）」の「去来穂《いざほ》」が名前なのか地名や称号なのかは不明である。「鷦鷯」は「武烈天皇（二五代）」や「崇峻天皇（三二代）」にも見られ、称号と考えてもよいのかもしれない。前述したように一三代から一七代天皇が二つの系統の重複した人物の合成を示唆したが、その際両者の名前を意図的に採用しなかったのではないか。

さらに二つの皇統の存在は、『記紀』の謎の一つについて説明する一助となるかもしれない。謎とは二人の始祖天皇がいることである。「始馭天下之天皇《はつくにしらすすめらみこと》（神武天皇）」

と「御肇国天皇《はつくにしらすすめらみこと》（崇神天皇）」の二人だ。今まで同一人だ、親子だ、一人は創作だと諸説いろいろ述べられてきた。しかし単純に考えるならば二人は接ぎ木前の二系統の始祖だとすればよい。ただ万世一系に整えた時、どちらか一人を始祖から外すと、子孫や関係者からの反発を恐れ並記としたのではないだろうか。

皇統の接ぎ木説が何の根拠もない妄想として一蹴する人もいるだろう。しかしまた多くの人々が『記紀』の何に信頼を措くべきか悩んでいる。ここで論じたかった事柄は、『記紀』編纂時に当事者（編纂者）がどのような編集態度や方向性を持っていたかである。文字記録のない弥生、古墳時代の聞き取り情報を活用し、「万世一系」の皇統とそれに連なる豪族の皇統への収斂を意図したことはすでに言及した（第一話）。

狙いは成功して、古代を貫く「万世一系」の日本史が完成したかに見えた。しかし「第二話」の倭の五王に関する中国史書の内容や考古学的証拠から、『記紀』に述べられた政治状況があり得ないと論じた。

したがって『記紀』編纂時の意図、方向性を考慮しつつ、『記紀』からどのような古代日本史の再構成が編纂者達によってなされたかを探らなければならない。その一つが数値情報に基づいて、皇統を逆方向へ分解する今回の試みである。正否は別にして、このような『記紀』の編纂時の編集操作の分析はもっと行われるべきだろう。

表2　皇統の接ぎ木

						日向王朝					近江王朝	
		日本書紀による年紀	二倍年補正による年紀			日本書紀による年紀	二倍年補正による年紀	二倍年での日向王朝			日本書紀による年紀	二倍年での近江王朝
1	神武	-660	-85.5									
2	綏靖	-581	-47.5									
3	安寧	-548	-31.0									
4	懿徳	-510	-12.0									
5	孝昭	-475	5.0									
6	孝安	-392	46.5									
7	孝霊	-290	97.5									
8	孝元	-214	135.5									
9	開化	-157	164.0	1	神武	-660	-85.5	-22.0				
10	崇神	-97	194.0	2	綏靖	-581	-47.5	16.0				
11	垂仁	-29	228.0	3	安寧	-548	-31.0	32.5				
12	景行	71	277.5	4	懿徳	-510	-12.0	51.5				
13	成務	131	307.5	5	孝昭	-475	5.0	68.5	13	成務	131	307.5
14	仲哀	192	337.5	6	孝安	-392	46.5	110.0	14	仲哀	192	337.5
	神功	201	342.0	7	孝霊	-290	97.5	161.0		神功	201	342.0
15	応神	270	376.5	8	孝元	-214	135.5	199.0	15	応神	270	376.5
16	仁徳	313	397.0	9	開化	-157	164.0	227.5	16	仁徳	313	397.0
17	履中	400	440.5	10	崇神	-97	194.0	257.5	17	履中	400	440.5
18	反正	406	443.5	11	垂仁	-29	228.0	291.5	18	反正	406	443.5
19	允恭	412	446.0	12	景行	71	277.5	341.0	19	允恭	412	446.0
20	安康	454	467.0	13	成務	131	307.5	371.0	20	安康	454	467.0
21	雄略	457	468.5	14	仲哀	192	337.5	401.0	21	雄略	457	468.5
22	清寧	480	480.0		神功	201	342.0	405.5	22	清寧	480	480.0
23	顕宗	485	485.0	15	応神	270	376.5	440.0	23	顕宗	485	485.0
24	仁賢	488	488.0	16	仁徳	313	397.0	460.5	24	仁賢	488	488.0
25	武烈	499	499.0	17	履中	400	440.5	504.0	25	武烈	499	499.0
敦賀出自の継体王朝												
26	継体	507						507				507
27	安閑	534										
28	宣化	536										
29	欽明	540										
30	敏達	570										
31	用明	586										
32	崇峻	588										
33	推古	593										
34	舒明	629										

表 3-1　天皇の名前と称号（古事記）

		古事記					
1	神武	神	倭	伊波礼	毘古	命	
2	綏靖	神	沼河	耳	命		
3	安寧	師木津	日子	玉出見	命		
4	懿徳	大	倭	日子	鉏友	命	
5	孝昭	御真津	日子	訶恵志泥		命	
6	孝安	大	倭	帯	日子	国押人	命
7	孝霊	大	倭	根子	日子	賦斗邇	命
8	孝元	大	倭	根子	日子	国久琉	命
9	開化	若	倭	根子	日子	大毘毘	命
10	崇神	御真木	入	日子	印恵	命	
11	垂仁	伊久米	伊理	毘子	伊佐知	命	
12	景行	大	帯	日子	淤斯呂	和気	命
13	成務	若	帯	日子	命		
14	仲哀	帯	中（津）	日子	命		
	神功	息長	帯	比売	命		
15	応神	品陀	和気	命			
16	仁徳	大	雀	命			
17	履中	伊邪本	和気	命			
18	反正	蝮	水歯	別	命		
19	允恭	男	浅津間	若子	宿禰	命	
20	安康	穴穂	命				
21	雄略	大	長谷	若	建	命	
22	清寧	白髪	大	倭	根子	命	
23	顕宗	袁祁	石巣	別	命		
24	仁賢	袁意	王	命			
25	武烈	小	長谷	若	雀	命	
26	継体	袁本杼	命				
27	安閑	広国押	建	金日	命		
28	宣化	建	小	広国押	楯	命	
29	欽明	天国	押	波流岐	広庭	命	
30	敏達	沼名	倉	太玉敷	命		
31	用明	橘	豊日	命			
32	崇峻	弟	長谷部	若	雀	命	
33	推古	豊	御食	炊屋	比売	命	
34	舒明						
35	皇極						
36	孝徳						
37	斉明	皇極天皇の重祚					
38	天智						
40	天武						
41	持統						

表 3-2　天皇の名前と称号（日本書紀）

		日本書紀						
1	神武	神	日本	磐余	彦	天皇		
2	綏靖	神	渟名川	耳	天皇			
3	安寧	磯城津	彦	玉手看	天皇			
4	懿徳	大	日本	彦	耜友	天皇		
5	孝昭	観松	彦	香殖稲	天皇			
6	孝安	日本	足	彦	国押人	天皇		
7	孝霊	大	日本	根子	彦	太瓊	天皇	
8	孝元	大	日本	根子	彦	国牽	天皇	
9	開化	稚	日本	根子	彦	大日日	天皇	
10	崇神	御間城	入	彦	五十瓊殖		天皇	
11	垂仁	活目	入	彦	五十狭茅		天皇	
12	景行	大	足	彦	忍代	別	天皇	
13	成務	稚	足	彦	天皇			
14	仲哀	足	中	彦	天皇			
	神功	気長	足	姫	尊	天皇		
15	応神	誉田	天皇					
16	仁徳	大	鷦鷯	天皇				
17	履中	去来穂	別	天皇				
18	反正	瑞歯	別	天皇				
19	允恭	雄	朝津間	稚子	宿禰	天皇		
20	安康	穴穂	天皇					
21	雄略	大	泊瀬	幼	武	天皇		
22	清寧	白髪	武	広国押	稚	日本	根子	天皇
23	顕宗	弘計	天皇					
24	仁賢	億計	天皇					
25	武烈	小	泊瀬	稚	鷦鷯	天皇		
26	継体	男大迹	天皇					
27	安閑	広国押	武	金日	天皇			
28	宣化	武	小	広国押	楯	天皇		
29	欽明	天国	排	開	広庭	天皇		
30	敏達	渟名	倉	太玉敷	天皇			
31	用明	橘	豊日	天皇				
32	崇峻	泊瀬部	天皇					
33	推古	豊	御食	炊屋	天皇			
34	舒明	息長	足	日	広額	天皇		
35	皇極	天	豊財	重	日	足	姫	天皇
36	孝徳	天	万	豊日	天皇			
37	斉明	皇極天皇の重祚						
38	天智	天	命	開	別	天皇		
40	天武	天	渟中原	瀛	真人	天皇		
41	持統	高天原	広野	姫	天皇			

第四話　「神代」巻の成立

『記紀』には「大和天皇家」の始祖「神武天皇」に先立つ「神代」が記載されている。いわゆる「日本神話」とされる物語である。天地創造から「神武天皇」の父の代までの一見荒唐無稽な説話の連続した話として編集したものと思われる。

「神代」の内容について深く考察することには意味がなく、誤解の危険が多い。したがってここでは『記紀』編纂時点に立ち返り、どのような情報を集め、どのような意図で「神代」を成立させたのかを考察したい。元々大和地方には「神代」に記された説話は無かったと考えられる。「神代」を精読すると、「高天原」は北九州、抗争相手の「葦原中国《あしはらのなかつくに》」は出雲を中心とした山陰地方とすることが合理的だと思える。この点については第一九話で論じる。したがって『記紀』での「神代」の記述内容は日向出自の神武一族が伝承したものと考えてよさそうだ。

落語家や講談師は小一時間かかる演目を何題も記憶している。僧は言葉として意味をなさない経文を延々読誦する。この点では人間の記憶力は決して侮れない。「神代」に数多く登場する神々の名前を諳《そらん》じ語り伝える語り部が存在しても不思議ではない。

「神代」には編纂時の意図を推察させる三点の特徴がある。

①表意漢字の表音漢字への変換、翻訳、すなわち訓注である。本文にも見られるが、多くは小字二行に書かれた注釈としてである。『日本書紀』の「神代上」巻の冒頭に「国常立尊《くにのとこたちのみこと》」の「尊」を「命」で用いることもあるが、「美挙等《みこと》と訓《い》う」とある。訓注は「神武天皇紀」以降にも現れるが、圧倒的に「神代」に見られ神代紀の特徴と言える。

②他書の引用が数多く見られる。『日本書紀』には「一書曰《あるふみにいわく》」の書き出しで始まる他書からの情報の追加が「神代」に非常に多く見られる。このことから類推すれば、『記紀』編纂時に伝承された神話には不確実な部分があり、参考資料を必要としたのではないだろうか。イザナギ、イザナミの日本列島創生の記事には一〇種が、イザナミの死とイザナギの黄泉での出来事に一一種の書物が引用されている。『日本書紀』の編纂にあたり一〇種以上の神話資料が存在したことになる。

③神の系図の短さに驚かされる。「神武天皇」からの皇統譜を見ると、「神武天皇」が縄文・石器時代まで続く長いものである。それに対して「神武天皇」の五代前

に天照大神が位置する。『日本書紀』には「神武天皇」の曽祖父が天降ってから、一八〇万年ほど経過したとの記述がある（引用資料四－一）。この数字に意味はないが、権威付けを考えるならば太古から連綿と続く系譜を載せても良いはずだ。神の系譜の短さの理由は何なのか。

これらの三点を考察することにより、『記紀』編纂時での「神代」成立過程を理解したい。まず①の訓注に関して考えたい。なぜ訓注が必要なのだろうか。「尊」を「美挙等」と書いて説明する状況は漢字の利用法の差異を示している。『記紀』を編纂している時期（飛鳥時代後期から奈良時代初期）に未だに訓注を必要とする漢字の利用法を採っている。

漢字の使用に関して、北九州では「倭王武」の上表文のように表意文字として利用しているが、大和地方では一音一字の表音記号として用いていると推察できる。この話題の詳細は「第二〇話」で取り上げる。「神代」に記された訓注から、大和地方の漢字利用が奈良時代初期においてさえ、話し言葉の一字一字を表音漢字に当てはめるレベルにあることを証明している。

前述の「尊」の記載の後に、国生み伝説の箇所では

「柱」、此をば「美簸旨羅《みはしら》」と云ふ。

「少女」、此をば「烏等咩《おとめ》」と云ふ。
「日本」、此をば「耶麻謄《やまと》」と云ふ。

等々、表意漢字で単純に理解すればよいものを、わざわざ字数、画数の多い訓読み記号に変換している。しかし大和地方の人々にとって表音記号の表示の方が書き言葉を理解する上で慣れた方法なのだろう。

この訓注はいつ書かれたのだろう。『日本書紀』完成時にすでにあったのか。それともその後付け加えられたのか。本文中にも表音文字に訓み下す箇所が見られるので小字二行の訓注は後で付加されたものかもしれない。どちらかに決める証拠はない。『日本書紀』より約四〇年後に完成した『万葉集』（西暦７５９年）には訓注は存在しない。作品中の比較的新しい歌では、表意漢字といわゆる万葉仮名で詠まれ、現代日本語に通じる言語体系の始まりと思われる。したがって訓注が後代に加えられたとしても、訓注を必要としない『万葉集』完成以後にはならないだろう。

『記紀』編纂時の奈良時代初期において、このような状況にあったとすれば、「神代」の情報はどのように保存、伝承されたのだろうか。ここに『日本書紀』の特徴②「他書の引用」が大いに関係するように思える。

神武一族に伝えられた神話も時間とともに曖昧さが増すだろう。これを補完するためにいくつかの参考書物を利用したものが「一書曰」に見られる引用である。これらの引用文献の文体は当然『日本書紀』と同様の漢文体のものと思われる。つまり『日本書紀』以前に漢文体の歴史書が存在したことを示している。

これより約一〇〇年前の飛鳥時代前期において、「天皇記・国記」の編纂が行われた記録がある。これらは乙巳《いっし》の変（大化の改新・西暦645年）で蘇我氏の滅亡とともに焼失したとされている。したがって「天皇記・国記」を参考にしたとは考え難いが、写本や当時集められた資料が残っていたかもしれない。

引用された参考文献が漢文体で書かれていたことから、漢字の利用法を考慮すると、大和地方において書かれた文書とは考え難い。本来日本神話の主な舞台は高天原であり、北九州を指しているのだろう。つまりこれらの引用文書は北九州から大和地方に持ち込まれたと見なせるだろう。北九州においてすでに一〇冊を超える歴史書があったことが『日本書紀』の引用状況からわかる。

『記紀』の編纂にあたり、中国史書を参考にした形跡はあったが、極めて少ない。九州で作られた歴史書は、編纂時に中国史書を尊重して利用したことは十分考えられる。『後漢書』に金印を授与されたと記された「委奴国王」、朝貢した倭王「師升」、「親魏倭王」の金印を授与された「女王卑弥呼」、朝鮮半島と倭国を監督する大将軍位を求めた「倭の五王」など無視できない記事が豊富に存在する。

このような史実を採り込んだ歴史書が存在したかもしれないが、「大和王朝」とは関係が無かったので、『記紀』の作成の際完全に無視された。九州歴史書の神話時代の説話のみを採りあげ、「神武天皇」の征服譚に先行させて「神代」としたと考えたくなるほど引用例が多い。ただ勝者の常として、敗者の歴史を隠すために、九州歴史書はかき集めて処分したかもしれない。

「神代」が九州歴史書に大きく依存すると考えた場合、③「神の系図」の短さは『日本書紀』編纂の意図とどのように合致するのだろうか。「神代」では「神武天皇」は天照大神の五世孫とされている。偶然の一致かもしれないが、「継体天皇」は「応神天皇」の五世孫である。このような数字の合致に何らかの意味、神意を与える工夫があるのかは推測の域を出ない。『日本書紀』では天照大神の子が正哉吾勝勝速日天忍穂耳尊（オシホミミ）、その子が天津彦彦火瓊瓊杵尊（ニニギ）、その子で「神武天皇」の祖父が彦火火出見尊、父が彦波瀲武鸕鶿草葺不合尊（フキアエズ）となっている（引用資料四－二、読み方は引用資料参考）。

『古事記』でも漢字の違いはあるが、同様の名が記載されている（引用資料四－三）。天照大神の子が正勝吾勝速日天忍穂耳命、「神武天皇」の曽祖父が天邇岐支国邇岐支天津日高番能邇邇芸命、祖父が火遠理命、父が天津日高日子波限建鵜葺草葺不合命となっている。

「神武天皇」の後に続く長い皇統譜に比べ、五代先に天照大神に至る神の系譜はあまりにも短いのではないだろうか。曽祖父のニニギが日向に入った状況が、親の七光りならぬ祖母（天照大神）の助力による入国であったと記されている。

「神武天皇」が日向の出自であることを史実と考えるならば、彼の曽祖父か先祖が日向に侵攻あるいは入植したことも史実と見なせるだろう。神武一族の伝承には日向へ攻め入った英雄譚や、開拓の苦労話としての伝説があったのではないだろうか。日向から東進し数年かけて大和の地に定着するまでの間に、語り部によって繰り返し伝えられた伝説としては、神話より鮮明な物語だと思われる。その伝説を棄ててまで「神武天皇」を神の系譜に組み込みたかった。そのために日向への進出が天照大神の御威光によって成し遂げられたことにして、神の系譜に繋げたように思える。

違う観点からこの問題を考えたい。前述の「神武天皇」の先祖の名前に注目する。『日本書紀』において曽祖父の父は「天忍穂耳」、曽祖父は「天津彦」と「天」氏に属していることを名前が示している。ところが「神武天皇」の祖父や父の名前には「天」の字はついていない。「天（阿毎））」については第二一話で詳しく考察している。ここでは神武一族が「天」氏を離脱した集団とするにとどめたい。この「天」氏からの離脱が「神武天皇」の祖父の代になされたのではないか。さらに深読みをすれば、曽祖父の「天津彦」は直訳すれば「天氏の男」となるが、「天氏から産まれた男の子」とも読める。「天」氏一族ではなく「天」氏から派生した人物と考えるならば、日向に定着した曽祖父の代から離脱が始まったのかもしれない。

対九州戦（磐井の乱）を経て飛鳥時代に日本の権力者となった「大和天皇家」にとって、九州の「天」氏から長く離脱していたとすると、「天」氏宗家を簒奪したことを疑われ、威信に傷が付くとの考えがあったのではないだろうか。したがって『記紀』編纂者は、天皇家の始祖「神武天皇」から天照大神に遡る系図を出来るだけ短くする編集方針を採ったように思える。

さらに神の系図の彦火火出見尊に疑問点がある。まず名前の短さである。彦火火出見尊の父も子も修飾された長い名前（引用資料四－二、三）なのに、彼と彼の兄弟の名は修飾が施されていない（引用資料四－四）。また彼ら兄弟は「火」の字が共通して用いられている。出産に際し、火の神事が行われたと記載されているが、系図の中の彼らの名前には違和感がある。

この後に海幸彦（火酢芹命）と、山幸彦と同一人物の彦火火出見尊の説話が唐突、かつ強引に述べられる。兄弟の確執についての逸話は『記紀』中にも多く見られる。兄弟間で皇位を争ったり、譲り合う話は「神武天皇」以後にも頻出する。「海幸彦・山幸彦」説話が神代で唐突に出現するので、無理な挿入の感を免れない。兄弟の確執の話題をここに挿入する理に適った意味があるのだろうか。この話は兄海幸彦が弟山幸彦に難題を吹っ掛けるが、弟が見事に解決し、兄を屈服させる類のものである。さらに言えば、弟が系譜における正当性を示した内容である。

これを『記紀』編纂当時の政治状況と対応させると、理解しやすく思える。『記紀』編纂を発議したのは「天武天皇」である。兄「天智天皇」の死後、壬申の乱（西暦672年）を起こし「天武天皇」が皇位を継承した。兄から弟への皇位継承の正当性を「海幸彦・山幸彦」の説話を通して主張したのではないだろうか。

「海幸彦・山幸彦」は「天」氏一族ではなく、「火」氏に属するのではないか。「火」氏の実態は不明だが、火の国肥前・肥後（長崎県・熊本県）を支配した一族なのか、あるいは製鉄に関与した集団なのか想像は広がる。ただこの一族の逸話が、九州歴史書に掲載されていたので、『記紀』の編集者達の目に留まったのだろう。

今まで述べた「神代」に関する特徴と疑問点から、編集者達がどのような意図、方針を持っていたかをまとめると次のようになる。

①九州において作られた漢文体の歴史書が一〇冊以上存在した。
②勝者の原理により、大和王朝は九州の歴史を抹消し、神話のみを参考にした。
③中国史書に書かれた「倭国」の記事が大和王朝とは無関係なのでほぼ無視した。
④「神武天皇」の先祖の日向入りを天照大神の助力によるとすることで、神の系譜と繋がり「天」氏宗家の正統性を主張した。
⑤兄弟確執の逸話を強引に挿入し、「天智天皇」系から弟の「天武天皇」系への政権移譲を正当化した。
以上の点が「神代」編纂の意図だろう。

第五話　漢委奴国王

志賀島から発見された金印に彫られた「漢委奴国王」の国名について考える。これを「カンノワノナノコクオウ」と読むと歴史の授業で教えられてきた。理解に苦しむ読み下し方である。「奴国」は「倭国」に属す国だという。その属国に金印を下賜した後漢皇帝は「倭国王」にはどのような印を授ければよいのか。

金印の特性上属国の属国に与えることは考えにくく、三段読みにすべきでないことは一目瞭然である。これを指摘する歴史研究者は多い。したがって漢の「委奴」国王と読むべきだろう。

ここで気をつけるべきは、「委奴」であって「倭奴」ではないことである。中国史書には「倭奴」の表現はあるが、「委奴」は見当たらない。ほとんどの歴史学者は「委」＝「倭」として「倭奴」国と見なしている。それが正しいのだろうか。

「倭奴国」の表現は『後漢書』、『隋書』、『旧唐書』に見られる。
「建武中元二年倭奴国奉貢朝賀」（『後漢書』）
「安帝時又遣使朝貢、謂之倭奴国」（『隋書』）
「倭国は古の倭奴国なり」（『旧唐書』）

岩波文庫版『後漢書』、『隋書』、『旧唐書』ではすべて「倭の奴国」と読み下している。しかし原文では「倭」・「奴国」と分けて読む根拠は見られない。『三国志』のいわゆる『魏志倭人伝』には「邪馬台国」の属国として「奴国」が記されている。この「奴国」の存在が「倭」と「奴国」を分断する根拠のようだ。

三国時代より二百年前の漢代に、「奴国」は存在したのだろうか。『魏志倭人伝』の書き出しに「舊百余国、漢時有朝見者」（元は百余国、漢の時に朝見する者有り）とあるが、百余国のうちの一国が「奴国」だとは書いていない。「倭奴国」の表現は辺境の民を表す「奴」を「倭国」に加えたと考えるべきだろう。

語源を考えると、「倭」＝「矮」＝「背の低い人」となって「委」＝「委ねる」とは意味が違う。もし「委」が文書中にあれば誤写であり本来は「倭」とすべきだと主張することも可能だが、金印に刻まれた「委」はあくまでも「委」であって「倭」とはならない。複雑すぎて「イ（人偏）」を省かざるをえないほど、「倭」は密な線の集合でもない。後漢の光武帝は「委奴」国王に金印を授けたと考えるべきだろう。

では「委奴」国はどこにあったのか。その実体はどのような国なのか。『魏志倭人伝』に書かれた「伊都国」をそれに対応させる研究者がいる。糸島半島にあったと推定される「伊都」はイトまたはイツと読めるが、「委奴」はイド、イヌ、イノとしか読めない。また国の規模は小さく金印を下賜されるほどの大国とは考えがたい。

『魏志倭人伝』に示された国の規模を列挙する。

対馬国　千余戸有り
一大（壱岐）国　三千許家有り
末盧（松浦）国　四千余戸有り
伊都（糸島？）国　千余戸有り
奴（灘？）国　二万余戸有り
不弥国　千余戸有り
投馬国　五万余戸可《ばかり》
邪馬台国　七万戸可

この一覧で見る限り伊都国は小国であり、さらに二百年前では金印が与えられるほど重要な国ではないと思える。

横道に逸れるが戸数について考えたい。邪馬台国は七万余戸と記されているが、一戸当たり四~五人住んでいると仮定すると三〇万人の人口になる。現代の地方県庁所在地並みの人口であり、多すぎるようだ。「だから中国の史書は信用できない」の声が聞こえてきそうだ。

しかし投馬国、邪馬台国では「可」《ばかり》と表現しているが、その前の不弥国までは「有り」と断言している。この違いは他人から聞いた情報か、自分で見た事実かの違いではないだろうか。対馬国からは目算によって集落の戸数を確認してきたが、投馬国と邪馬台国では見える範囲外にもいくつか集落が有るとの現地情報から戸数を類推した結果「可」の表現になったと思われる。

では「奴国」の二万余戸も目算できたのか。現代人は正確さを求めるので目算能力は退行したが、遊牧民は草原や山麓に散在する家畜の数を把握できなければ一人前の牧人と認められない。武将は敵軍勢の人数を目算で正確に読みとって勝戦を得ることで名将と言われる。中華帝国の吏僚にとっても目算で正確に集落の戸数情報を得ることは、公平な租税や賦役を課す上で重要な能力でなかったろうか。

帯方郡の太守により遣わされた使者は、「奴国」にあたると考えられる福岡平野を一望する高所から集落の規模を二万余戸と目算した可能性はある。農耕民である日本人は古来より多数の物や人を目算する能力を発達させる機会が少なかったのではないか。したがって中国の使者に国の人口を問われた時、正確な情報を伝えられず、使者の理解との間に齟齬が生じたとも考えられる。

話を「金印」に戻すと、三国時代より二〇〇年遡った漢代、漢に使いを送ったのは「倭国王」であり、「委奴国王」ではない。では金印を送るに値する「委奴国王」とは何か。これを考えるには、金印を授けられる日本側の国情より、与える中国側の外交、国際事情に注目すべきだろう。

中国統一をはたした秦の始皇帝は北辺の「匈奴」に手こずり、長城を築いて防御し、長子を征討軍に送り出していた。漢代においても同様に北辺を「匈奴」に悩まされ続けた。後漢の光武帝による統一戦においても最期まで抵抗したのが、「匈奴」に支援された反乱軍であった。

このような周辺状況の中、東方の島よりはるばる中華文明に憧れて使者を送った国があった。「倭国」という倭奴の住む国であった。騎馬で略奪を繰り返す「禍禍《まがまが》しい野蛮人（奴）」と対照的に中華の文化、文明を求めて「身を委ねる未開人（奴）」なのである。海を渡り皇帝の威光に導かれ朝貢する国こそ、皇帝の徳を体現し、金印に値すると考えたのではないだろうか。

したがって「委奴」とは地理的な国名というより、「匈奴」に対応させる中国側の都合で作られた国名であり、名誉ある金印を下賜するに値する国の王印璽と考えたい。「委奴国王」として金印を授けられた人物が、金印を受け取る時の様子を想像したい。まず金印の意味を理解していただろうか。

「これは何か。」の疑問から始まるのではないか。使者が

「王が命令する文書に用いる印璽です。」

文書も印璽も何のことかわからない。金印に彫られた模様を見て、何かと尋ねる。

「文字です。」「これがうわさに聞く文字というものか。意味は。」

「この字は帝の国漢を表しています。次の二文字の委奴はこの地に住む人達のことで、後は国の王と彫られています。」

「国とは何か。」「広大な土地とそこに住む民草のことです。」「王とは何か。」「統べる国の民草の安寧と豊かな生活を図る者のことです。」

「国王は何をするのだ。」「法を作り、租税を広く民草から集め、軍を整え国を守る必要があります。」

このような問答が繰り返された後、国の概念と王の役割を知り、「委奴国王」は倭

国の建設に一歩踏み出したのではないだろうか。このような空想は楽しい知的遊戯である。

第六話　磐井の乱と二系統の「天」氏

弥生時代末期、最も中華文明の恩恵に与った倭国の地域は北九州である。鉄器や錦布の出土はこの地域が圧倒的に多い。ところが古墳時代を挟み飛鳥時代には明らかに大和地方が倭国を勢力下に治めたと考えられる。その間の古墳時代は、教科書的には巨大な古墳が多く残っている大和、河内地域を根拠とする「大和天皇家」がすでに倭国全体を支配したとされている。この点に異議を唱え、「筑紫国磐井の乱」が北九州と大和の勢力逆転の契機であることを考察したい。

現存する最古とされる前方後円墳が大和にあることから、古墳時代は「大和天皇家」の下に倭国が統治されていたと考えられているようだが、これは明らかにおかしい。中華文明を基準にすると、倭国で最もその影響を受けたのは九州地方であり、大和を含む近畿地方は文明の光が届きにくい辺境になる。

歴史年表では三世紀に弥生時代から古墳時代へと移行する。この三世紀中葉、『魏志倭人伝』に邪馬台国の女王卑弥呼のことが記載されている。邪馬台国論争という不毛のテーマがある。邪馬台国の所在に関する九州説と大和説である。前述の状況からは文明度の高い北九州説を支持している。また「大和王朝」側も邪馬台国が「大和天皇家」と無縁であることを証言している（引用資料二－一、二－二）。

「神功皇后紀」三九年から四一年の記事がそれである。ここでは明らかに『魏志倭人伝』の一節を三ヶ所引用している。『記紀』において中国史書の引用は極めて稀である。一読すれば誰もがわかるように、「神功皇后紀」本文とはまったく関係しない引用であり、『日本書紀』編者も「大和天皇家」との関連付けをしていない。まったく本文から宙に浮いた引用文だと言える。

なぜ『日本書紀』編纂者は無理を承知で引用文を「神功皇后紀」に記載したのだろうか。主な目的は「神功皇后」の年代を明示することだろう。『魏志倭人伝』からの引用文にはすべて魏朝皇帝の年号があり、中国の史書に照らせば年代を容易に知ることができる。さらに「神功皇后」と「卑弥呼」を同一人物と錯誤させることも意図に含まれていたかもしれない。

『日本書紀』編纂者さえも、「卑弥呼」が「大和天皇家」とは無縁だとしている以上、「卑弥呼」が北九州を根拠地としたことは明らかだ。この北九州優勢の時代は五世紀にも続く。『宋書』倭国伝に記された「倭の五王」の時代である。教科書的には「倭の五王」は「大和天皇家」の天皇に比定されている。親子・兄弟関係が似ているとして、「仁徳天皇」から「雄略天皇」を五王とする根拠となっている。

第二話において「倭の五王」が大和と無縁の北九州の豪族の首長であると論証した。「倭王武」の上表文からも北九州の王であることは明らかだ。また「倭王武」の武の字が「雄略天皇」の名「若武大泊瀬命」の武と一致するからと、歴史学者は「倭王武＝雄略天皇」説を当然の帰結としている。古今東西の歴史書において、歴史上の人物の一字のみを取り上げて記述するという滑稽なことがあっただろうか。あれば是非とも指摘していただきたい。

『宋書』倭国伝によれば倭王珍は安東大将軍の除正（除授）を求めたが、安東将軍・倭国王に任じられた（西暦425年）。倭王済は安東将軍・倭国王となる（444年）。さらに朝鮮半島の国々を含む六国の諸軍事を、安東将軍に加えて叙任された（451年）。「倭王武」は宋の順帝に上表文を奉り、使持節都督倭・新羅・任那・加羅・秦韓・慕韓六国諸軍事・安東大将軍・倭王に除された（479年、引用資料二－二）。

以上のように「倭の五王」は中国の軍制に組み込まれ、大将軍位を強く求めていたことがわかる。ところが『記紀』では「応神天皇」から「雄略天皇」までの記述に、この話題は一切出なかった。『記紀』編纂時には中華文明を吸収するために、遣隋使を度々送り出した（表4・73ページ）。二五〇〜三〇〇年前に中国との交流の情報があれば、当然史書に加えると思われるがそれがない。つまり『記紀』が「倭の五王＝大和天皇説」を支持していない結果だろう。

「倭王武」の時代から約五〇年後「磐井の乱」が起きる。「継体天皇紀」二五年の出来事であるが、正確な西暦年は不明である。およそ西暦527年頃だろう。『日本書紀』は「倭の五王」の時代も建前上大和王朝が日本（倭国）全体を支配していたとしているが、実際は文化の高さから考えても九州王朝が倭国を勢力下に治めていたと考えられる。時代の流れを考慮すると、「磐井の乱」は単なる地方の反乱ではなく、「九州王朝対大和王朝」の戦いと見なす方が論理的だ。

結果は「大和王朝」の勝利に終わり、西日本は軍事的に大和の支配領域となった。では中国史書はこの政権の移動をどのように記述したのだろうか。紀元前の前漢から一〇世紀の宋までを一覧表にした（表5・74ページ）。撰者の没年を示したのは、その国が滅びた後どれほど経過して編纂されたのかを明らかにするためだ。例えば『後漢書』は『三国志』より後代に編纂され、その記述には三国時代の内容も含まれている。これは史書の信頼性に関係し重要な点と考えて一覧表中に示した。

この表を概観すると中国側の日本に対する見方は一目瞭然だろう。『前漢書』地理志に記された「楽浪海中有倭人」から『隋書』東夷伝の末尾「その後遂に絶つ」まで連綿と倭国との交流があり、北九州の倭王が倭国の盟主であることを記載している。

不思議なことに大和政権が送った遣隋使の記事が『隋書』にはまったく記載されていない（表4、5）。『日本書紀』には「推古天皇」（三三代）の時、小野妹子や犬上《いぬかみの》御田鍬《みたすき》を隋に派遣したと記載されている。しかし『隋書』に登場するのは「倭王阿毎多利思比孤」であって、「推古天皇」（女性）、小野妹子、犬上御田鍬の名はまったくない。

なぜ中国史書は大和政権の遣隋使を無視したのだろうか。単純に考えるならば、この遣使が公的な朝献でないと中国側が判断したからだろう。国際慣例上倭国からの公式の遣使ならば倭王の名の下になされるべきだが、それがない場合は私的な倭国の一豪族の訪問と見なされたと考えられる。

倭国の政権移動を中国側が認識し始めたのは、唐代初頭を記した『旧唐書』である。ここで倭国に加え、日本について初めて触れている。まず北九州の倭王は阿毎氏であり、貞観五年（西暦631年）に朝献している。ところが二二年（648年）には自力で使者を送れず、新羅に上表文を託して「起居を通ず」と自国の存続をアピールしている。

倭国の記述の後、「日本国は倭国の別種なり。」で始まる日本国の解説が続く。唐側にとって不確実な情報が多く、雑多な情報を列挙している。
○日本国は倭国の別種なり。
○其の国日辺に在るを以って故に日本を以って名を為す。
○或はいう、倭国自ら其の名の雅ならざるを悪み、改めて日本と為すと。
○或はいう、日本は旧小国、倭国を併せたりと。
○入朝する者、多く自ら矜大、実を以って対えず。故に中国これを疑う。
中国側が持っている倭国の情報と異なる返答をする日本国（大和政権）の使者に対して、不信感を募らせている様子がみてとれる。長安三年（西暦７０３年）になってようやく日本国の大臣、朝臣真人が公式の朝献の使者として認められ、史書（『旧唐書』）に記載された。第一回の遣唐使（６３０年）以後何度となく派遣されたにもかかわらず、中国側が公式に日本国の遣使として認めたのは、長安三年の第七回（八回とする説もある）遣唐使が初めてである。なぜ日本の遣唐使の公認が遅れたのだろうか。

その答えの一端は『新唐書』にある。その中では東夷伝日本となっており、倭国はなくなっている。その書き出しは「日本本倭奴也。」とあり、日本が倭国の後継者となっている。さらに「其王姓阿毎氏」と記され、隋書に記された「阿毎多利思比孤」と同じ姓を名乗っている。

この点が非常に重要だと思われる。中国には易姓革命の思想がある。これは「天命を受けた王朝が不徳により滅び、別の姓の有徳者に天命が下り新たな王朝が開かれる。」との考えである。中国王朝では、「周」が姫氏、「漢」が劉氏、「唐」が李氏に天命が下りたとされている。易姓を考慮した場合、王朝の継続には同じ姓を名乗る必要があった。

唐代初頭、日本からの遣使には二系統の「阿毎」氏があったのではないだろうか。倭国（北九州）と日本国（大和政権）がそれらに当たる。「皇極天皇」（三五代）から「天武天皇」（四〇代）まで「天」氏を名乗っていた（表3－2・46ページ）。それ以前の天皇にはまったくなかったことである。この点については第二一話に詳細を述べている。天皇の名に「天」を付けた時から、「天」氏の宗主権は三種の神器とともに北九州から大和へ移動したと考えたい。この政権移譲が中国史書によって裏付けられたことになる（表5）。

では中国史書に裏付けられた「天（阿毎）」氏の政権移動の端緒、つまり対九州戦での大和側の勝利について考えたい。大和政権が国内を軍事的に支配することになった歴史的記事は、『記紀』に記された「磐井の乱」以外に見当たらない。「継体天皇」が起こした対九州戦争である。

古墳時代を通じ、奈良盆地は農業生産力が高く、人口が多い大国であったと考えられる。これについて第一五話を参照していただきたいが、古墳の数や大きさから考えられることである。しかし継体朝以前には、九州と争うことはなかった。「神武天皇」の子孫達は九州の「天」氏から離脱した一族であることを知っており、自分の名に「天」を付けることを避けていた。「天」氏宗家に対して尊崇の念を抱いていたと思われる。

ところが「継体天皇」の心情はまったく異なっていたように思える。彼の出自は越前（福井県）で、「応神天皇」の五世孫と『記紀』は述べている。これを妥当とする根拠はない。継体一族が単に北陸越前に勢力を持つ豪族にすぎなかったのかもしれない。『記紀』編纂時に、大和地方に根強く残る「神武天皇」の建国英雄譚に便乗して、「応神天皇」の分流としたとも考えられる。

「継体天皇」が「応神天皇」の五世孫であれ、また単に地方豪族の出身であれ、彼の祖先崇拝の対象は「神武天皇」か、または越前の豪族の始祖となるだろう。したがって「継体天皇」には北九州の「天」氏に対して宗家としての尊敬の意識は希薄だと思える。この心情ゆえに対九州戦を仕掛けることに抵抗がなかったのではないだろうか。

さらに推測すると、「継体天皇」には九州を攻める別の動機があったと思われる。北陸越前は山陰地方を間において、九州との日本海交易路があった。鉄製品や製鉄技術は日本海沿岸の各地に早く伝えられ、大和はむしろ遅れた地域であった。

この日本海交易を主導、あるいは支配していたのは、北九州の倭国すなわち「天」氏であったろう。中国や朝鮮半島との交易の窓口となり、日本海沿岸へ文物を送り出す基点となる地の利を得ていたからである。文明の知恵、知識が倭国内の地方豪族に広まるにつれて、この交易の独占に対する不平、不満が生まれることはあり得る。「継体天皇」もそのような豪族の一人だろう。

「継体天皇」が「大和天皇家」の後継者になった経緯について『記紀』に記されたように、請われて天皇位に就いたことを証明する手段はない。後に北九州との戦争を起こす好戦的な姿勢を考慮すると、越前から摂津、大和に攻め入った可能性もあるだろう。いずれにせよ、「継体天皇」が奈良盆地を掌握したことによって、豊富な食料と多数の兵（人口）を得たことになる。

その後「天」氏の交易独占に不満を抱く豪族達、例えば出雲、吉備、安芸などの豪族を糾合し「天」氏の打倒に動いた結果が、『記紀』に記された「磐井の乱」の実相ではないか。出雲や吉備の豪族は「天」氏を盟主と仰いでいたことを考えると、大和の軍勢のみで中国地方の豪族を倒し、九州に攻めることには無理がありそうだ。したがって「天」氏の交易独占に対する不満を観点に加えることにより、「天」氏対豪族連合の図式が成立するように思える。

北九州の「天」氏が「磐井の乱」に敗れ没落したことにより、国際関係に大きな影響が出た。朝鮮半島における倭国の勢力後退により、友好国である百済、任那が滅び、半島における倭国の権益を失う結果になる。このことを契機として中国との直接の交易、すなわち遣隋使の派遣が始まるのではないだろうか。

表４　遣隋使・遣唐使一覧

西暦（年）	王朝	主な出来事
600	隋	初の遣隋使の派遣。派遣された人物不明。 文帝との面会は叶わず。
607	隋	第二回遣隋使、小野妹子を派遣。日本と隋による国交。
608	隋	第三回遣隋使。小野妹子、高向玄理、僧旻、南淵請安など。
614	隋	第四回遣隋使。犬上御田鍬を派遣。最後の遣隋使。
630	唐	第一回遣唐使。犬上御田鍬を派遣。皇帝太宗に謁見。
653	唐	第二回遣唐使派遣。皇帝に拝謁。
654	唐	第三回遣唐使。高向玄理を派遣。皇帝高宗に謁見。
659	唐	第四回遣唐使派遣。高宗に拝謁。
665	唐	第五回遣唐使派遣。
669	唐	第六回遣唐使派遣。
702	唐	第七回遣唐使として、粟田真人が派遣。 武則天に謁見。「日本」を使用。
717	唐	第八回遣唐使。阿倍仲麻呂、吉備真備、玄昉、井真成派遣。
733	唐	第九回遣唐使派遣。
746	唐	第十回遣唐使派遣中止。
752	唐	第十一回遣唐使。藤原清河、吉備真備派遣。 玄宗臨御の朝賀に出席。
759	唐	第十二回遣唐使派遣。渤海経由。
761	唐	第十三回遣唐使派遣。
762	唐	第十四回遣唐使派遣中止。
777	唐	第十五回遣唐使、派遣。
779	唐	第十六回遣唐使、派遣中止。
804	唐	第十七回遣唐使。最澄、空海（留学僧）、橘逸勢、霊仙を派遣。
838	唐	第十八回遣唐使。円仁派遣。
894	唐	第十九回遣唐使、菅原道真の建議により中止。唐の滅亡により遣唐使廃止。

表5　中国史書における倭国伝、日本伝一覧表

国名 歴史書名	帝国成立期間 撰者没年	倭国伝	日本伝
前漢 漢書 地理志　燕地	BC202～ AD8	楽浪海中有倭人　分為百余国、以歳時来献見云。	
後漢 後漢書 東夷伝　倭	25～220 ～445	倭は韓の東南海の中にあり、山島に依りて居を爲す 建武中元二年（57）倭奴国奉貢朝賀す。	
三国時代 三国志 魏志東夷伝 倭人	220～280 ～397	倭人は帯方の東南海の中に在り、山島に依りて国邑を為す。 （邪馬台国）	
晋 晋書 四夷伝　倭人	280～420 ～648	倭人在帯方東南海中、 依山島為国。	
宋（南朝） 宋書 夷蛮伝　倭国	420～479 ～513	倭国は高驪の東南海の中に在り、世々貢職を修む。 （倭の五王）	
斉（南朝） 南斉書 東南夷伝 倭国	479～502 ～537	倭国在帯方東南大海中、 漢末以来立女王。 建元元年（479）…… 倭王武号為鎮東大将軍	
梁（南朝） 梁書 東夷伝　倭	502～557 ～637	高祖即位、進武号征東将軍	（527？）磐井の乱
隋 隋書 東夷伝　倭国	589～618 ～643	倭国は百済、新羅の南東に在り、魏より斉、梁に至り、世々中国と相通ず。 開皇二十年（600）倭王在り、姓は阿毎、字は多利思比孤、阿輩雞彌と号す。 この後、遂に絶つ。	（607）小野妹子　遣隋使 （614）犬上御田鍬　遣隋使
唐 旧唐書 東夷伝 倭国日本伝	618～907 ～946	倭国は古の倭奴国なり。 その王、姓は阿毎氏なり。 貞観五年（631）使いを遣わして方物を献ず。 二十二年（648）に至り、又新羅に附して表を奉じて、以って起居を通ず。	日本国は倭国の別種なり。日本は旧小国、倭国の地を併せたり。長安三年（703）その大臣、朝臣真人来りて方物を貢す。朝臣真人とは猶中国の戸部尚書のごとし。
唐 新唐書 東夷伝　日本	618～907 ～1061		日本本倭奴也、其王姓阿毎氏…… 彦瀲子神武立、更以天皇為号、 徒治大和州。
宋 宋史 外国伝　日本国	960～ 1127 ～1355		日本国は本の倭奴国なり、自ら其の国日出ずる所に近きを以って、日本と名を為す。 雍熙元年（984）……国王は王を以って姓と為し……彦瀲の第四子を神武天皇と号す。筑紫宮より入りて大和州の橿原宮に居す。

第七話　古代刀剣の金文について

金石文とは金属器や石に文字、文章を刻んだ遺物のことで、歴史的な事実を明らかにすることが期待される。世界的に著名な例としてロゼッタ石が挙げられる。この石の発見により古代エジプトの象形文字、ヒエログリフの解読を可能にし、古代エジプト学の急速な発展に繋がった。

古代日本において、古墳の石室を造る精緻な石工技術がありながら、石に刻んだ文字はまったく発見されていない。もし施主が希望すれば、刻石の技術は石工達に十分備わっていたはずだ。残念なことに石に文字を彫る発想、文化がなかった結果だと思われる。

金属器に残された金文としては、象嵌された八振りの刀剣が発見されている。それらを表6（84ページ）に一覧表としてまとめた。鉄器であるために、損傷が激しく解読不能の文字もみられる。文字数は五文字（⑧箕谷《みのたに》二号墳）から一一五文字（⑤稲荷山古墳）までであるが、これらの金文は古代史の解明にほとんど寄与していない。むしろ見当違いの方向へ歴史の流れを歪めている感がある。

歴史学者は⑤稲荷山古墳の「獲加多支鹵《わかたける》大王」に注目し、この人物を「雄略天皇」に比定した。さらに④江田船山古墳出土の大刀にある「獲□□□鹵大王」も「雄略天皇」と見なし、「雄略天皇」が出土地の埼玉県から熊本県まで統治していたと説明している。

八振りの刀剣に刻まれた金文から何らかの歴史的事実を得ることは困難である。情報量が少なすぎるからだ。ただいくつかの注目点を吟味することによって、考慮すべき問題を提示したい。「雄略天皇」大好き歴史学者達が説明していることが妥当かどうかも検討したい。

まず年代について考えると、これには製造年と埋蔵年代がある。製造年がはっきりしているものに、①東大寺山古墳出土の鉄刀がある。「中平□□」とあるが中平とは後漢の霊帝時代の年号で、西暦184年から189年の期間にあたる。中国の後漢時代に作られたこの刀が四世紀後半に奈良県に築造された古墳から出土した。約二〇〇年の間にどのような経緯で大陸から大和まで運ばれたかを推測できる資料はまったくない。

製造年を推測できる手がかりに干支がある。干支によれば六〇年周期で繰り返されるので、状況証拠と照らし合わせて年代推定が可能となる。⑦元岡古墳群出土の大刀も製造年が特定できるようだ。「庚寅《こういん》正月六日」が「庚寅」である年は西暦５７０年に限られるそうだ。この古墳は七世紀前半に築造されたと推定されているので、製造から埋納まで数十年の時間差がある。

⑤稲荷山古墳と⑧箕谷二号墳からの出土品に干支年が刻まれている。稲荷山古墳の鉄剣には「辛亥年」とあり、歴史学者は西暦４７１年と比定しているが反論の余地がある。この鉄剣に「獲加多支鹵大王」の文字が認められることから、歴史学者恒例の「雄略天皇」だとする説が有望視されている。さらに「雄略天皇＝倭王武」の珍説から、「倭王武」時代に対応する「辛亥年」として西暦４７１年を導き出した。この点の反論は後述する。

⑧箕谷二号墳の鉄刀には「戊辰年」とあり、この古墳が六世紀末から七世紀初頭の築造と考証されているので、その期間に近い西暦６０８年が有望視されている。しかし刀の製作とほぼ同時期に埋納されたかの疑問はあり、六〇年前あるいはそれ以前に作られたかもしれない。

②石上神宮の七支刀に「泰□四年」とあり、「泰和四年」（東晋）として西暦３６９年とする説と、「泰始四年」（南朝宋）と読み４６８年とする説がある。他にも西晋の

「泰始」では268年、北魏の「泰常」では419年も候補に挙げられる。実際には「泰和」の年号はなく、「太和」が正しい。ところが歴史学者は、泰は太の同義字であり、泰和＝太和と考えて良いと論じている。しかし文字を鉄に刻む行為は決して容易なものでない。正しい「太」を複雑な「泰」に置き換える必要性があるならば、合理的な説明があって然るべきだろう。

かつて同様の過ちは志賀島出土の金印において見られた。「漢委奴国王」の「委」の文字を「倭」とすることを当然としているが、人偏を省かざるを得ないほど画数の多い字ではない（第五話）。原資料をもっと大切に扱うべきだろう。

以上のことから、七支刀の製造年に関して一概に比定できないだろう。いくつかの可能性について文脈を通しての推測を後述する。またどのような経緯で石上神宮に納められたかの情報は皆無であるが、この点についても検討したい。

このように製造年代を推定できる金文が残っている刀剣は少ない。さらに時間経過とともに発見場所に至る経緯に関してもほとんど情報を与えてくれない。このことはこれらの金文が史実に対応させることが困難で、状況証拠と照らし合わせて語られる多くの説は想像の域を出ないと考えた方が良い。

次に「大王」、「王」の文字に注目したい。②石上神宮の七支刀には二ヶ所「王」の文字がある。⑤稲荷山古墳の鉄剣には「獲加多支鹵大王」、また④江田船山古墳出土の大刀には「獲□□□鹵大王」と解読された文字が刻まれている。『記紀』に記載されている「王」とは異なる使用法について考えたい。

一般的に、飛鳥時代以前の政治中枢を、大和王権あるいは大和大王家と表現している。この点について違和感がある。『記紀』における「王」の位置付けは現代人が考える概念と異なる。『記紀』の中で「王」は皇族を離れ、皇位継承権を失い、臣籍に下りる第一段階にある人物であった。この点については巻末の天皇家族系図を概観すると理解できる。そこには「王」を名乗る人は多数存在した。この状況下で「大和王権・大和大王家」を用いることは、適切とは言えず迷路に誘い込むことになる。したがって「大和王権」と「大和大王家」の用語を「大和王朝」と「大和天皇家」と置き換えることにした。その意味は大和政権以前の天皇家が大和あるいは近畿地域における政治勢力だったことを表現するためだ。本題に戻ろう。

④江田船山古墳の発掘は明治六年に行われ、多くの埋蔵品が出土した。その中に錆びた大刀もあったが、大正期の研磨により銀象嵌された七二文字が判別可能とされた。現在では「獲□□□鹵大王」と読まれているが、当時は「獀□□□鹵大王」と読まれた。「大王」の文字が判別された時点で、皇国史観一色だった当時の歴史学会は、当然日

本で「大王」の名に値する人物は天皇しかいないとの結論に至った。「天皇」には「陛下」を付けなければ不敬の罪に問われかねない時代、「大和大王家」は古代史家に都合の良い造語であり、定着しやすかったのだろう。

戦後の昭和四三年に⑤稲荷山古墳から出土した鉄剣の表裏に金象嵌の一一五文字が判読された。その中に「獲加多支鹵大王」と刻まれて「ワカタケル大王」と読めることから、この剣は「雄略天皇」の御代に作られたと考えられた。例のごとく歴史学者の悪癖が出ている。

「何某大王」の表現は『記紀』における天皇の表記としてはあり得ない。それに「雄略天皇」の名は大長谷（命）であり、若武《わかたける》は天皇即位後に付けられた称号である。繰り返しになるが若も武も度々用いられる称号であり、両方を使う若武が「雄略天皇」にのみ用いられる理由があればご教示いただきたい。

さらに「雄略天皇＝倭王武」の説から、剣に刻まれた「辛亥年」を「倭王武」が上表文を中国皇帝に奉じた年にもっとも近い西暦４７１年とし、それが通説になっている。「ワカタケル大王＝雄略天皇＝倭王武」が成立しないことをこの随筆の中で論証した。それでもなお、イコールで結びつける合理的な説明を今まで明示されたことがない。したがって「辛亥年」を４７１年とする通説にまったく根拠がないので、六〇年単位の変動も考慮すべきだろう。

②石上神宮の七支刀には「王」の字が二ヶ所認められる。また「百済」とあることにより、朝鮮半島との関連も考慮に入れる必要がある。『日本書紀』の「神功皇后」五二年に七支刀が百済より献上された記事が載っている（引用資料七－一）。「神功皇后紀」五年から六十五年まで新羅、百済との外交記事が記載されている。いわゆる「神功皇后」の「朝鮮征伐」の内容である。ここで疑問に思うことは、百済王四代にわたっての交流の情報が『記紀』編者にどのようにもたらされたかという点である。単純に伝承や歌謡に託して伝えられる情報とは考えにくい。むしろ中国史書や九州歴史書（第四話）からの情報と捉えた方が適切な内容である。

第一話において『記紀』は未整理のデータバンクであると論じた。記事の内容は常に「いつ」、「どこで」、「誰が」を疑う必要があると注意喚起した。「神功皇后」の「朝鮮征伐」はまさに疑う必要がある対象である。古墳時代において、巨大な墳墓の建設には、多数の労働者の動員と食料の消費を伴うだろう。このような社会背景において、大和から九州を経て朝鮮半島へ兵を出す経済的負担はあり得ないように思える。

またこのような詳細な外交の記録を残すほど、大和地方における文字利用の普及は十分な発達に至っていない（第四話）。古代の漢字の利用状況については第二〇話に詳述する。一音に一つの漢字を宛てる表音記号の漢字を用いて、詳細な記録を残すことは不可能だろう。したがって七支刀を献上された王が「神功皇后」ではあり得ないと結論できる。

では誰が受け取ったのだろう。それは「王」を本来の意味、すなわち指導者、支配者と理解している地域の「王」である。「漢委奴国王」、「親魏倭王」、「倭の五王」、「倭王阿毎多利思比孤」と連綿と「王」を使用した九州王朝に他ならない。九州王朝には『記紀』編纂以前に十種以上の歴史書が存在したと推測できる（第四話）。『日本書紀』の「神代」では、「一書曰」の書き出しにより多くの引用が認められる。「書」とある以上、伝聞ではなく文書化した書物であることがはっきりしている。このような九州王朝の歴史書を切り取り張り付けたのが、「神功皇后紀」の記事であろう。

では七支刀はいつ倭国に送られたのだろう。朝鮮半島の三国時代（高句麗、百済、新羅）が四世紀中葉に始まることから、「泰□四年」は南朝宋の西暦４６８年か北魏の４１９年のどちらかになる。つまり五世紀に百済王から九州の「倭王」に献上されたと考えられる。

さらに論じるならば④江田船山古墳の大刀と⑤稲荷山古墳の鉄剣に刻まれた「大王」の称号も、大和地方のものではない。「倭王武」の上表文に「渡平海北九十四国」の表現がある。「平」を「平らげる」や「平らかにする」の意味から、倭王は朝鮮半島の南地域に対して「調停者」あるいは「後援者」の立場を採っていると論じた（第二話）。

朝鮮半島の南部には百済、新羅の他に、伽耶地域に小国がいくつかあったようだ。それぞれの国に「王」が立てられていたとすれば、「王」達を調停、後援する「倭王」は、彼らを超える「大王」と呼ばれるに相応しい人物ではないだろうか。

この「大王」の存在を暗示しているのが中国南北朝時代に書かれた『宋書』である。宋の年号で元嘉二八年（西暦４５１年）に倭国王済は「使持節都督倭・新羅・任那・加羅・秦韓・慕韓六国諸軍事・安東将軍」に除正された。また昇明二年（西暦４７８年）には「倭王武」を「使持節都督倭・新羅・任那・加羅・秦韓・慕韓六国諸軍事・安東大将軍・倭王」に除す記事（引用資料二－二）がある。

彼らに先行して倭王珍も叙授を賜うことを求め、六国の安東将軍を自称した。このように「倭の五王」は倭国にとどまらず南朝鮮の国々を掌握し、その上に君臨する称号を中国に認めさせていた。この史実こそ倭王が「大王」と称される合理的な理由であることを示している。

以上古代刀剣の金文について、年代に関する注意点と「王」、「大王」に関する考察を論じたが、さらに金文から考えられる疑問を続きの話題として取り上げたい。

表6　古代金石文一覧表

	発見場所 遺物	製造年 埋蔵年 所在地	銘（表） 銘（裏）	備考
①	東大寺山古墳 鉄刀 金象嵌	中平 （184 ～ 189） 四世紀後半 奈良県	「中平□□　五月丙午　造作支刀　百錬清剛　上応星宿　□□□□」	前方後円墳 （140 m） 和爾氏本拠地 18 文字
②	石上神宮 七支刀 金象嵌	泰始（269,468） 泰常（419), ［泰和（369)］ 奈良県	「泰□四年□月十六日丙午正陽造百錬□七支刀□辟百兵宜供供□王□□□□作」 「先世□来未有此刀百済□世□奇生聖□故為□王旨造□□□世」	主身に表裏 61 文字
③	稲荷台 1 号墳 王賜銘鉄剣 銀象嵌	五世紀中葉 千葉県	「王賜□□敬□」 「此廷□□□□」	円墳（23m） 5 文字
④	江田船山古墳 大刀(直刀) 銀象嵌	五世紀末～ 六世紀初頭 熊本県	「治天下獲□□□鹵大王世奉事典曹人名无利弖八月中用大鉄釜并四尺廷刀八十錬九十振三寸上好刊刀服此刀者長寿子孫洋々得□恩也不失其所統作刀者名伊太和書者張安也」	前方後円墳 （62 m） 72 文字
⑤	稲荷山古墳 金錯銘鉄剣 金象嵌	辛亥年 （471, 531?） 五世紀後半 埼玉県	「辛亥年七月中記乎獲居臣上祖名意富比垝其児多加利足尼其児名弖已加利獲居其児名多加披次獲居其児名多沙鬼獲居其児名半弖比」 「其児名加差披余其児名乎獲居臣世々為杖刀人首奉事来至今獲加多支鹵大王寺在斯鬼宮時吾左治天下令作此百錬利刀記吾奉事根原也」	前方後円墳 （62 m） 大仙古墳の 1/4 サイズ 表 57 文字、 裏 58 文字
⑥	岡田山 1 号墳 鉄刀 銀象嵌	六世紀後半 島根県	「各田卩臣」	前方後円墳 （24 m） 4 文字
⑦	元岡古墳群 大刀 金象嵌	570 年 七世紀前半 福岡県	「大歳庚寅正月六日庚寅日時作刀凡十二果□」	円墳の可能性 （破壊による） 18 文字
⑧	箕谷 2 号墳 鉄刀 銅象嵌	戊辰年（608?） 六世紀末～ 七世紀初頭 兵庫県	「戊辰年五月□」	円墳（13 m） 5 文字

第八話　古代金文の残された疑問点

古代日本の金文について、八振りの刀剣に刻まれた金文から、推定製造年代の曖昧さと、「王」、「大王」の用法と対象者について論じた（第七話）。しかし金文における問題点がいくつか残されている。文字数が多い長文の象嵌がなされた二振りの刀剣、すなわち④江田船山古墳（七二文字）と⑤稲荷山古墳（一一五文字）出土のものである（表6・84ページ）。

二つの金文について、まず誤解をしてはいけないことがある。この刀剣は「大王」が作らせたものではなく、製作依頼者の名が明記されていることである。④江田船山古墳の大刀は「獲□□□鹵大王世（大王の世に）」に「无利弖《むりて》」が作らせたとある。⑤稲荷山古墳のものは、「獲加多支鹵大王寺在斯鬼宮時（ワカタケル大王シキ宮に在る時）」に「乎獲居臣《こわけおみ》」が「作此百錬利刀（この百錬利刀を作る）」とある。「大王」がこの刀剣を地方豪族に下賜するための物だとする文言はない。したがって歴史学者が声高に叫ぶ「ワカタケル大王が、東は埼玉県（稲荷山古墳）から西は熊本県（江田船山古墳）まで支配していた」説の信憑性に疑問が生じる。

極端な例を考えよう。①東大寺山古墳から出土した鉄刀には、製造年を推定できる年号があった。「中平」の年号は後漢霊帝の時代にあり、西暦１８４年から１８９年とされている。したがって「後漢時代に鉄刀を下賜された東大寺山古墳のある大和地方は後漢の勢力範囲に含まれる」と論じても、誰も納得しないだろう。刀が作られてからどのような経緯で東大寺山古墳に埋納されたかが不明だからだ。

同じことが二振りの刀剣にも言える。「大王」の家臣と思われる人物が作った刀剣がそれぞれ埼玉県と熊本県で発見された。それらを「大王」が下賜した刀剣と曲解し、「大王」の勢力範囲と解釈することに論理の正当性を見いだせない。刀剣の移動は下賜だけでなく、贈り物、戦利品、盗品などもあり、多面的考察が不可欠だろう。

まず④江田船山古墳出土の大刀について吟味したい。刀を作らせた者は「典曹人名无利弖」とある。では「典曹人」とは何なのか。

典……貴重で基本となる書物、作法、司る

曹……下級の役人、属官、つかさ

文字の意味から考えるならば、ムリテは文書に係わる下級の文官だったのかもしれない。ただこの刀が作られた時代に下級役人が作刀を依頼し、銀象嵌を施すことが可能であったのかを判断する材料はない。「典」には作法を司る、また「曹」にはつかさの意味があることから、式典の作法を司る上級の役人であったかもしれない。不明な点が多く、これ以上詮索することは無意味だろう。

この金文には二人の名前が記されている。「作刀者名伊太和書者張安也」がそれである。作刀者は刀鍛冶であり、その名は「伊太和《いたわ》」となっている。次の人物、「書者張安」と記された箇所が悩ましい。

書者は銘文を書いた人物のことだが、この文章を考えたのか、刀に象嵌を施したのか二通りの考え方ができる。しかし銘文を考えるのは作刀の依頼者ではないだろうか。書くという行為は、紙にしろ、刀にしろ文字や文章を表現することなので、刀に銀線で銘文を書く、すなわち象嵌したことを意味すると考えた方が納得がいく。文章の順序を見ても、刀を作り、そして象嵌する連続した作業として捉えやすい。

書者の張安の名は倭国や朝鮮半島の人の名というより、中国人のものと考えた方が適切だろう。つまりこの人物は大陸系の渡来人であり、象嵌の技術を持っていたと思われる。銘文自体は日本的な漢文調であり、中国人の書いた文章では無いように思える。

次に⑤稲荷山古墳出土の鉄剣について考えたい。この剣を作らせた人物に「杖刀人」という職種の「乎獲居臣」の名がある。その後に彼の系図が示されている。

上祖（始祖）意富比垝《おおひこ》—多加利足尼《たかりすくね》—弖已加利獲居《てよかりわけ》—多加披次獲居《たかひしわけ》—多沙鬼獲《たさきわ》居《け》—半弖比《はてひ》—加差披余《かさひよ》—乎獲居《おわけ》臣

以上八代に至る人物が書かれている。読みは必ずしも正しいとは限らないが、一つのヒントと思えばよい。ここでの注目点の一つが「獲居」である。教科書的には「ワケ」と読ませている。

獲……カク（漢音）、ワク（呉音）

居……キョ（漢音）、コ・キ（呉音）

「獲居」を「ワケ」と読めないこともないが、正しいかどうかを判断する材料に乏しい。『記紀』にも「ワケ」の付く人物は多数登場する。この場合宛てられる漢字は「和気」か「別」である。例として天皇の皇子に「ワケ」が付く場合を表にした（表7・94ページ）。

「ワケ」を姓《カバネ》の一つとする説がある。名前の後に付ける点では姓の表示と同様である。ところが「天武天皇」（四〇代）が「八色姓《やくさのかばね》」を制定した際に、多くの姓が八つの姓（八色姓）に組み込まれたが、その中に「ワケ」は存在しなかった。八色姓に関しては第二七話に詳しい。外戚の姓に依る可能性を考慮して表7に義父の名を掲げたが、関連性はないと思われる。したがって「ワケ」を姓とは考えにくい。

現代的な語感からすると「ワケ」は「分ける」、つまり「分家」を連想するが、表7を見る限り当てはまらないだろう。天皇の皇子の名に「ワケ」が付いているにもかかわらず、天皇に即位する例が多く見られる。このことから「ワケ」が分家を意味するとは考えにくい。

以上の議論から「ワケ」の意味や使用法について何らかの結論を得ることは難しい。天皇の名に現れる「タラシ（足、帯）」や「ネコ（根子）」と同様、別方向からの情報が必要に思える。

⑤稲荷山古墳の鉄剣に記された系図の二代目「多加利足尼」の「足尼」に関して同じことが考えられる。「足尼」を「スクネ」と読み、「宿禰」という姓のこととする説が一般的らしい。ところが三代から五代の名には「獲居」が付いている。姓は一族を示すものなので代々受け継がれるはずだが、一代だけの「足尼」は姓ではなく、何らかの役職名のように思える。「足尼」に関しても議論をするには情報不足と言わざるを得ない。

刀剣に象嵌された文章から、史実と考えられる内容は見出だせない。「典曹人」「杖刀人」がどのような職種なのか、「獲居」「足尼」が何を意味するのか、など多くの疑問が提示されたにすぎない。その中で一つの事柄について論証が可能だと思われる。それは刀剣の製造場所である。

①東大寺山古墳の鉄刀はすでに述べたように、後漢時代の中国製である。また⑥岡田山一号墳、⑦元岡古墳群、⑧箕谷二号墳から出土した鉄刀は古墳時代後期の製造と考えられ、製鉄技術が広く倭国全体に拡散したことにより、製造場所を特定する情報に乏しい。

注目するのは、②石上神宮、③稲荷台一号墳、④江田船山古墳、⑤稲荷山古墳から出土の刀剣に施された金文である。それらの刀剣には「大王」「王」の文字が象嵌されている。第七話でも考察したように、「大王」と称される人物の所在は限られている。

大和地域において「大王」の呼称を用いた痕跡は見られない。『古事記』の歌の中では「意富岐美《おほきみ》」がある。これを岩波文庫版『古事記』の読み下し文では「大君」、「王」に変換されているが、大王の意味で用いられていない。皇族の身分にある恋しい人を「大君」と呼び掛けている。また「王」と読み下されたオオキミは「木梨の軽王」のことであり、「王《おほきみ》」と読む部分は「(軽)王君」とすべきではないだろうか。

では「大王」に相応しい人物は誰だろうか。すでに第七話で考察したように、「倭の五王」が文献（『宋書』）から推定される。世に「大王」と称される人物にダリウス大王やアレクサンダー大王などが存在した。彼らが「偉大な王＝大王」とされる理由は、多くの国々を征服し、その王達を支配下に置いたことに依るのだろう。「倭の五王」はまさにそのような立場にいたと考えられる。倭王は五代にわたり中国の軍制を熟知し、大将軍位を求め続けた。その徐位には倭国に加えて朝鮮半島南部の国々の諸軍事を統轄する役割も含まれていた（引用資料二－二）。つまり新羅、任那、加羅などの国王の上に立つ倭王は大王と呼ばれることに何ら問題はない。

問題は「倭の五王」を「大和天皇家」の人物に結びつけたがる歴史学者の、論理を超えた信仰心である。そのようなことがあり得ないことを、第二話をはじめ再三論理的に説明した。中国の大将軍位を求めて遣使した天皇がいたのか。大王と称される天皇がいたのか。『記紀』はそれについて全く触れていない。

この大王が九州に居を構える倭王と解釈することが最も合理的だろう。つまり二振りの刀剣（④江田船山古墳と⑤稲荷山古墳から出土）に象嵌された「大王」は九州の倭王を示しており、これらの刀剣が大王治政下に九州で製造されたことが文面から読み取れる。

次に「王」について考える。③稲荷台一号墳からの鉄剣には「王賜」の文字が象嵌されている。この「王」は大和地方の人物とは考えにくい。大和地方には「王」は数多く存在し、王名が示されないと特定できず、大和ではこの表現はあり得ない。したがってこの「王」は唯一無二の存在としてのものであり、九州での使用法と考えられる。

②石上神宮の七支刀には二ヶ所に「王」が見られる。その一つに「為□王旨」の文字がある。これを「為倭王旨」と読み「旨」という名の倭王がいたとする考えがある。この説は実に魅力的だ。

旨……天子、君主の考え、意向

の意味があり、中国の天子の意向に沿った政治を行うへりくだった名前ではないだろうか。「倭の五王」に先行して将軍位を求める姿勢がうかがえる命名である。ただ□が倭であることを証明する必要がある。

同じ金文に「百済」と書かれている。「神功皇后紀」には七支刀が百済王からの献上品と記されている。したがって百済王がこの刀を作らせ、倭王に献上したとの考えが金文から推測される。『日本書紀』編纂者はこの金文、あるいは刀の添え書き（あったとすれば）を抜き出して「神功皇后紀」の条に貼り付けたのではないだろうか。

以上の考察から「大王」「王」の文字が象嵌された刀剣の製造場所が導かれる。「大王」の文字が見られる④江田船山古墳の大刀と⑤稲荷山古墳の鉄剣は「倭の五王」の時代に倭王の治政下にある九州で製造されたと推測される。②石上神宮、③稲荷台一号墳出土の刀剣に刻まれた「王」は九州あるいは朝鮮半島南部の「王」に関係するものと考えられる。したがって従来大和地方の権力者と結びつけられたこれらの四振りの刀剣に関する解釈は再考する必要があるだろう。

最後に象嵌技術の拡散について考えたい。製鉄技術は前述したように、古墳時代に倭国全域に広がった。砂鉄を溶かして鉄塊にするたたら炉の遺跡は各地に存在する。また鉄塊を熱して鍛造、成形、研磨することにより、多種多様な鉄器を作る技術も拡散した。それほど鉄器の需要は高かった。

鉄製農具は生産性の向上に大いに寄与した。工具の利用は石工業や木工業を飛躍的に発展させた。とりわけ武器の需要は高く、青銅製や石器の武器は鉄製に置き換わった。

では象嵌技術はどうだろうか。刀剣に象嵌することは、武器を飾り物に変えることになる。目上の者への献上品や部下に対する褒賞品であろう。つまり量産するものではなく、需要の少ない技術と考えられる。

表７　天皇の皇子の名に「ワケ」が付いている例

	天皇	皇子	義父	備考　義父の出自
7	孝霊	日子刺肩別命	和知都美命（淡道）	三代安寧天皇の孫
9	開化	建豊波豆羅和気（王）	葛城の垂見宿禰	
11	垂仁	品牟都和気命	春日の建国勝戸売	
		大帯日子淤斯呂和気命（一二代景行天皇）	旦波比古多多須美知宇斯王	四代開化天皇の孫、日子坐王の子
		沼帯別命	〃	
		伊許婆夜和気命		
		落別王・伊登志別王	山代大国の淵	
		石衝別王	〃	
12	景行	櫛角別王	若建吉備津日子	
		押別王	八尺の入日子命	一〇代崇神天皇の子
		豊戸別王		
14	仲哀	品夜和気命	息長宿禰王	神功皇后（日子坐王の三世孫）の父
		品陀和気命（一五代応神天皇）	〃	
16	仁徳	伊邪本和気命（一七代履中天皇）	葛城曾都毘古	
		蝮水歯別命（一八代反正天皇）		
	（小碓王）	稲依別王	意富多牟和気	淡路の安国造の祖
		足鏡別王	母が山代の玖玖毛理比売	
		息長田別王		
34	舒明	天命開別尊（三八代天智天皇）		

④江田船山古墳出土の直刀に刻まれた「書者張安也」から、この刀を象嵌した技術者が中国系の渡来人と推測した。このような需要の少ない特殊技能者は、強力な権力者の庇護の下でその技術を発揮したと考えるべきだろう。技術者が中国人、朝鮮半島人、倭人の誰であったとしても、九州の倭王のもとにある技術者が象嵌された金文のほとんどを製作したのではないだろうか。

第九話　『古事記』の疑問

『記紀』の編纂にあたり用いた原資料は記憶に依存したと述べた（第一話）。『日本書紀』神代を読むと、『記紀』に先行する歴史書が一〇種類以上存在し、その内容が高天原を中心に記述されていることから、北九州に由来する歴史書を参考に神代巻を編纂したと考えた（第四話）。

『記紀』より約一〇〇年前に「天皇記・国記」が蘇我馬子の主導の下に編纂された記述がある（『日本書紀』、「推古天皇」二八年）。しかしこの歴史書は乙巳の変（西暦645年）の際、蘇我蝦夷、入鹿親子の滅亡とともに焼失したことになっている。ただ二つの歴史書編纂時に集められた資料について、すべてが失われたのではなく残ったものもあり、これらが『記紀』の編纂にも利用された可能性もある。

しかし『古事記』を精読すると、『古事記』が一〇〇年前の「天皇記・国記」そのものを参考にしたと考えられる理由をいくつか挙げることができる。まず気づくことは『古事記』が「推古天皇」（三三代）で終わっていることだ。その後大化の改新という日本の国家形成に最重要の出来事が起きている。この史実を書くことなく終わる歴史書とはなんだろう。「推古天皇」までで終わる史書、つまり「天皇記・国記」を参考にした結果、『古事記』が「推古天皇」で終わることになったのではないだろうか。

さらに驚くべきことに、終盤の内容である。「安閑天皇」（二七代）から「推古天皇」までには、欠史八代の天皇と同様に史実は書かれていない。『日本書紀』では、最後に記述された三人の天皇（「天智、天武、持統天皇」）の記事の量は『日本書紀』全体の二〇％に及ぶ。直近の時代の情報は多いはずだから、それは当然のことである。ところが『古事記』では真逆の編纂という謎が生じた。「安閑天皇」以下直近の天皇の記事量は全体の三％以下である。

しかしこの謎解きは一つのヒントで容易に決着する。『古事記』が「天皇記・国記」を参考にしたと仮定すればよい。乙巳の変（西暦６４５年）により反逆者となった蘇我蝦夷、入鹿親子をはじめ蘇我一族の業績は削除されるだろう。その結果「安閑天皇」から「推古天皇」までの記述内容は、無難な子供の名前や墓陵の地のような事柄しか残されなかったのだろう。

また『古事記』序文にも不可解な点がある。その一つが帝紀と本辞である。「天武天皇」の詔に次の文言がある。

「諸家が持っている帝紀と本辞に誤りが多い……帝紀を撰録し、旧辞を詳しく調べよ」と告げられている。また数行あとに

「(稗田)阿礼に勅語して帝皇日継と先代旧辞を誦み習わせた」

「旧辞の誤っていることを残念に思い、先紀の誤りのあるところを正そうとして……」

以上四ヶ所に、対になった書物名が現れる。この対になった書物は同じものを指していると考えられる。もしそれぞれが別の書物と見なすならば、この序文の意味は支離滅裂なことになるだろう。

帝紀………天皇の年を追って書き記した書

帝皇日継…天皇の年月日を追って書き記した書

先紀………代々の天皇の年を追って書き記した書

本辞………国の本《もとい》の話（辞）

旧辞………国の古い話

先代旧辞…代々の天皇の古い話

この対になった書物の言い回しは、本来の書物名を述べることを避けて表現したこ

とにより、このような混乱した記述になったのではないだろうか。つまり「天皇記・国記」という書物名を隠す意図があったとも考えられる。前出の四つの対になった書物を「天皇記・国記」に置き換えても何の不自然さもないだろう。

そしてこの結論は序文の二つ目の疑問と関連する。大安万呂は和銅四年九月に編纂を開始し、和銅五年正月に完成し献上したと記されている。歴史読み物の中には、太安万呂はわずか五ヶ月で『古事記』を完成させた天才だと持ち上げている。そのようなことが可能なのか。

まず新しい（とされる）歴史書を作るにあたり、史書の体裁についての構想が必要だろう。ついで天皇家の系図を掘り起こし、そこに皇族を網羅する。それぞれの天皇の時代の出来事を伝承、伝聞、記録の中から取捨選択する。天皇の系図から派生したとされる豪族の出自をいずれかの天皇に結びつける。

以上の最低限の作業を五ヶ月の短期間で可能かどうかを考えるならば答えは明らかなはずだ。手本となるべき歴史書が存在すれば出来るだろう。その元本が「天皇記・国記」だと考えると納得いく話である。

序文の三つ目の注目点は漢字の利用法についてである。序文に「文章を書き表す場合、漢字だけでは難解になる。訓読みで記述すると文意が及ばない。表音記号として漢字を用いると長い文章になりすぎる。……音訓を交えて用い……言葉の意味がわかりにくい時は注を用いる。」（著者意訳）とある。

この注には、文字数を指定し表音文字として読ませるものと、漢字の意味を表音漢字で訳す、いわゆる訓注がある。訓注が必要とされるということは、漢字の理解が不十分で、漢字利用の遅れを示している。漢字の利用法に関する詳細は第二〇話に述べている。帝紀・旧辞が天皇家で代々記述された書物であると仮定すると、歴代の天皇が読むことができる文章になっていたはずだ。したがって「天武天皇」に献上される『古事記』に訓注が存在することと矛盾することになる。

大和地域における漢字の普及は仏教と密接に関係するように考えられる。仏教の経典や解説書を理解するには漢字を駆使することが不可欠である。仏教信仰が深まると、経文などの漢字を理解したい願望が起き、漢字習得を推進しただろう。仏教の布教に関しては、崇仏派と排仏派の論争を『日本書紀』は記している。蘇我氏は崇仏派の最右翼であり、漢字の理解度も高かったと推論できる。

したがって蘇我馬子によって撰上された「天皇記・国記」は漢文調の文章で書かれた歴史書である可能性が高い。しかし漢字の普及が遅れた天皇家や物部氏、中臣氏など他の氏族にはそのままでは読解できず、注が必要とされたのだろう。

以上のように『古事記』の疑問に対する考証を重ねると、太安万呂が五ヶ月の間に何を為したかが理解できる。

⑴諸家の持つ「天皇記・国記」の写本のすべてを回収する。

⑵「天皇記」と「国記」を一本化した歴史書の体裁を整える。

⑶蘇我氏の業績をほとんど削除する。

⑷漢字の理解が遅れている天皇家や豪族のため必要な注を加える。

『古事記』における前述の疑問を、この四点に基づいて考えるならば、違和感なく解消出来るだろう。

この考えに立てば、小文字二行で書かれた有力豪族の皇室からの出自記事も、『古事記』編纂の目的の一つかもしれない。蘇我馬子が「天皇記・国記」を編纂した際にそのような作業をしたとは考えにくい。なぜならその当時蘇我氏は天皇家と肩を並べるほど権勢を誇っており、豪族を天皇家と結びつける発想はなかっただろう。全国支配を進める大和政権にとって、各地の豪族を従わせる理由付けが欲しかったのだろう。多くの豪族を天皇家から派生した一族とすることにより、天皇家がすべての豪族の宗主となる。こうすることにより天皇家は確固とした権威を築いたのではないだろうか。

時代・文化の章

第一〇話　古墳時代とは

教科書には、古墳時代にはすでに大和朝廷の権力が確立し、巨大な墳墓が造られたとある。世界三大墳墓の一つが、大阪府にある伝「仁徳天皇」陵で、その面積は世界最大である。巨大墳墓の多くが近畿、特に河内と大和にあり、いくつかの古墳が天皇陵として比定されている。古墳の大きさは経済力や人口の反映であり、軍事力の大きさに通じる。したがって古墳時代には『記紀』に登場する歴代の天皇が君臨していたと結論されているようだ。

しかしこれは納得できない論法であり、このような歴史的記述が成立しない理由をいくつか挙げることは容易にできる。まず天皇陵と称する古墳の被葬者が誰なのかの考古学的証明は十分とは言えない。現在ある天皇名を付けた古墳は、古の国学者が古地名等から類推したものであり、宮内庁管理の下で研究できない状況にある。第一話において歴代天皇がすべて実在したとは考え難いと推察した。天皇陵の比定をすでに証明されたかのように考えるのは、早計と言わざるを得ない。したがって巨大古墳＝天皇陵＝日本列島を支配する権力の三段論法は説得力に欠けるように見える。

看過できない問題に鉄器の出土状況がある。弥生時代後期、鉄製品は九州で数多く出土しているが、近畿地方にはほとんど見られない。鉄製武器は当時の最強兵器であり、農耕用鉄具は生産性の増大に大いに関係する。世界史において、古代トルコ東部の小国ヒッタイトが鉄製武器を手にオリエント地方を席巻した史実がある。経済力や人口の差違以上に、鉄製武器を持つ者と持たない者との戦力差は明らかだ。したがって弥生時代後期の北九州地域の戦力は他地域を圧倒していたと考えてよい。これが古墳時代初期の政治状況であり、ここから古墳時代の考察を始めたい。

古墳は、北は東北地方から南は九州まで散在している。その数は前方後円墳で約五〇〇〇基以上、円墳等を含めると一〇万基を超えると見なされている。古墳時代を三〇〇～四〇〇年間と仮定すると、年平均十数基の前方後円墳が日本列島のどこかで建設されていた。建設会社の試算では、工期が一〇年以上要する古墳もあり、それを考慮すると古墳建設現場の数はさらに増える。日本全国各所における同時期の古墳建設ラッシュの様相は、経済力、人手、技術があれば誰にでも古墳建造が可能なことを物語っている。有力な豪族の首長であれば、共有の「埋葬文化」に基づき容易に墳墓を造ったと想像できる。古墳の分布状況を見れば一目瞭然だろう（表8・111ページ）。

この状況を政治に投影することには無理がある。造られた古墳の大きさで権力の存在を推定し、大和に強大な政治権力があったと当然のように結論付けていた。しかし日本列島の古墳建設ラッシュとの間に違和感がある。墳墓の建設を許可し大きさを指定するような政治的権力を想定するならば、古墳の建設に際し、制約や許認可を与える官僚機構と建設を指導する技術者集団をかかえることになる。全国に散在する古墳を造ったすべての豪族を把握し、行政指導を行った役人の存在が不可欠である。そのような行政組織が三〜六世紀に存在していたとは考えられない。

官僚機構の整備は聖徳太子の時代に中国からもたらされたとされる位階や令（法令）に始まり、大化の改新以後、唐の制度を模倣することで完成したとされている。権力の制約があるとは思えないほど北は東北から南は九州までの多発的な墳墓建設である。政治的許認可を与えた史実が皆無である以上、この古墳建設ラッシュは、列島全体に及ぶ「埋葬文化」の自発的拡散と考えるべきだろう。

また同形、同寸の古墳が複数存在することから、権力の行政指導があったと考える学者もいる。そうならばもっと古墳の形状や大きさなどの規格に統一性があるべきだろう。実際にはそうでないのだから、複数の技術集団が存在し、それぞれが依頼主との交渉で形状が決められたと考えるべきだ。似た古墳が造られた事実は、同じ技術集団による建設との理解以上のことではない。

日本の古墳は、古代エジプトのピラミッドや秦の始皇帝陵のような絶対王者の墓とは性格を異にしていることは明らかである。例えて言うなら、古墳は「群雄割拠」の時代を示す遺跡である。むろん戦国時代の群雄割拠のように国境をはさんで領土を奪い合う状況ではない。各地方に散在する集落「ムラ」を糾合し「クニ」を建てた英雄達がいた。その様子を「群雄割拠」と表現したい。古代中国において、周王朝の没落に伴い、地方に根付いた実力者達が、諸侯として割拠した春秋時代を思わせる。

弥生時代に中華地方、長江周辺、朝鮮半島から多数の渡来人が戦乱を避け日本列島の各地に入植した。彼らは出身地が異なる人々や原日本人と文化や言語を異にしていた。出身や文化の異なる人々はそれぞれコミュニティを形成して独立し、自身の文化の保存を図る。物の移動（交易）や近隣との紛争はあっても、人的交流は少なかっただろう。

古墳時代は独立したコミュニティの乱立を共通文化の形成へと移行した時代として特徴づけられる。古墳の建設に経済力、人手、技術が必要だと前述した。日本列島に同時期（年間）数十ヶ所で古墳建設工事が行われていたとすると、それらにかかわる複数の技術者集団が存在したはずだ。彼らの仕事は、古墳の立地、地割り（平面図）、資材の確保と移動、労働者の割り当てや指示等々多岐にわたっていた。

土木工事の過程で、技術者と現地民の間に、度量衡、言語、信仰（葬送儀礼）等の共有が生じることは十分あり得た。このような工事が三〇〇～四〇〇年間に五〇〇〇～一〇万ヶ所で行われていれば、古墳という共通の埋葬文化を持つ民族はもっと幅広い文化の均一性を手に入れただろう。例えば大和言葉（の起源となるもの）、度量衡、古代神道、年月日時刻の数え方等々。

墳墓が同じ型式なのに、そこで執り行う葬送儀礼が異なることが有りうるだろうか。現代でも宗教により墓の型式は、地域差はあるが概ね統一されている。同じ墳墓では共通の葬送方法が採られたとの考えがより常識的だと思われる。つまり共通の宗教観を持つからこそ、同じ型の墳墓を造ったのだろう。

ただ残念なことに、文字（漢字）の拡散、普及はなかったようだ。高松塚古墳の内部に極彩色の壁画は描かれていても、玄室内に金石文一つ発見されていない。しかし『宋書』によれば五世紀に倭王珍は「使持節都督倭・百済・新羅・任那・秦韓・慕韓六国諸軍事・安東大将軍・倭国王」と自ら称し（西暦425年）、「倭王武」は「使持節都督倭・新羅・任那・加羅・秦韓・慕韓六国諸軍事・安東大将軍・倭国王に除す

（新たに任命する）」と記された（478年）。このように官職を望む背景には、漢字の意味を理解しているはずだが、それが古墳建設には反映されなかった。漢字の古代日本での利用に関しては別の話題として採りあげたい（二〇話）。

文化の共有を醸成しつつあるこの時代、古墳を建設するほどの経済力を持つ豪族は「大和天皇家」を中心とする近畿地方だけではなかった。日向（宮崎県）、吉備（岡山県）、出雲（島根県）、関東一円、東海北陸等にも多くの古墳が残されている。当然被葬者は地方豪族の首長クラスの人物であろう。彼らの支配地域を「大和天皇家」が政治的に統御するには、政治機構が未成熟であると前述した。豪族はそれぞれの支配地で独立した権力を持つ「群雄」と位置付けた方が、この時代を理解し実態に近づくことができるのではないだろうか。

古墳時代を語るにあたって、見落とされがちだが重要な問題がある。現代では文化財保護法により無闇な破壊は起こり得ないが、墓の盗掘は古代文明発祥以来続く職業である。副葬品としての貴金属や宝石が目的である。古代エジプトのピラミッドでは、建設に際しいかに盗掘を防ぐかの知恵比べがあったほど当たり前のことであった。古墳は盛り土で形成されていたので、入り口が閉ざされた場合上から掘りくずす方法も採られただろう。

群雄割拠の古墳時代、隣国との戦争で勝者が政治的意図により、前国主（豪族の首長）の墓を破壊することがあったのではないか。時代はずれるが、飛鳥の石舞台と呼ばれる遺跡が蘇我馬子の墳墓跡だと考えられているが、政争に敗れた蘇我氏に対する政治的処置とも思える。

白村江の戦（西暦663年）に敗れた大和政権は、唐の攻撃に備え九州に防人《さきもり》を送った。また九州大宰府の守りのために、水城と呼ばれる防衛線や、大野城、基肄城の二つの朝鮮式山城をわずか二年で築いた。大宰府近傍の防御施設は朝鮮式と言われるように半島からの渡来工人に指導されたのだろう。二基の山城は山頂の建物とそれを取り囲む周囲三〜四キロメートルの土塁や石壁で構成されている。

建築資材となる土や石が膨大な量になることは容易に想像できる。もし福岡平野や筑後川流域に巨大墳墓があれば、城建設のための資材の大集積場に見えるのではないだろうか。古墳表面を覆う葺石、大量の盛土、玄室を造る巨石などはすべて利用し得るものである。大和政権にとって唐の襲来という国家存亡の時に、九州豪族の墳墓を尊重する余裕はあっただろうか。鉄器の分布状況から、北九州が古墳時代前半の先進地域だと論じたが、大型古墳の存在について語られることはなかった。この時期に起きた北九州の古墳の大規模破壊の可能性を念頭に置くべきである。

さらに後代の戦乱期（源平の戦い、元寇、南北朝時代、戦国時代）において、古墳は出城や砦の立地や建設資材の供給源として好都合と考えられる。古墳自体小高い場所にあることが多く、生えている樹木を柵や燃料に用い、周囲に空濠をめぐらせ、掘った土を盛りあげることにより砦が完成する。近隣にも古墳があれば、掘りくずした土や玄室に使われた巨石を運搬して出城を建設することも可能となる。大きな古墳ほど立派な出城ができるだろう。

このような出城や砦は戦乱が終息すれば、食料増産のため田畑へと開墾されて以前の古墳の痕跡を見いだせなくなる。実際にこのようなことがあったかどうか確かめられていないが、十分想像できることである。特に北九州は太宰府の防衛施設、二度の元寇と二度の朝鮮出兵を経験していて、どれほど建設資材として古墳が利用されたのかは今後の研究課題と思われる。

近畿地方に大きな古墳が残存するのは、ここが王城の地であったことが鍵と考えられる。この地の住民は天皇や殿上人の存在に慣れ親しんでいただろう。奈良・平安時代、遣隋使や遣唐使の送迎には、天皇をはじめ多数の貴族が都から難波津へ繰り出した。遣使はたまにしかない行事であるが、沿道の人々にとって長年の語り草となるような華やかな記憶だろう。また天皇の南都（平城京）や吉野への御幸や貴族の遊覧を遠目に見ながら、優雅な存在を神々しく感じていたのではないだろうか。したがって古墳が「古の偉い方」の墓である言い伝えを尊重し、破壊を手控えたとも考えられる。そうであるなら、畿内の巨大古墳が他地域に比べて破壊されずに残った可能性を否定できない。

河内、大和に巨大古墳が多く存在するから、この時代にこの地に日本を支配する権力が確立していたと結論付ける前に、古墳時代の意味を考古学的状況証拠に基づき再考すべきだろう。

最後になぜ古墳は巨大化したかを考えたい。歴史学者は「大和王朝」が倭国全体にその権威、権勢を示すためだと説明する。もし「大和王朝」が倭国を支配していたと仮定するならば、この権威付けは迂遠な方法と言わざるを得ない。単純かつ常識的な権力の行使は、巨大古墳の築造を禁止することだろう。「五〇歩以上の大きさの墳墓を造るべからず。」と命じれば済むことだから。

実際には日本各地に一五〇メートルを超える古墳が多数造られた（表8）。このことは「大和王朝」が他地域の豪族を支配、制御できなかった事実を示している。

では先に挙げた疑問、古墳が巨大化した理由は何か。古墳時代には群雄が割拠していたと考えると、ある答えが思い浮かぶ。群雄の見栄の張り合いである。世界遺産に

表8　古墳の分布

		巨大順位 Top 10	200m 以上			150m 以上		
			前期	中期	後期	前期	中期	後期
近畿	奈良	2	10	9		2	4	
	大阪	6	2	5	1	2	4	1
	兵庫					1	1	
	京都					3	1	
西日本	岡山	2		1		3		
	宮崎						2	
中部	三重						1	
	山梨					1		
	愛知							1
	岐阜						1	
東日本	群馬			1		2	1	1
	茨城					1	1	
	宮城					1		

登録された百舌鳥《もず》・古市古墳群の地理的状況をみると、それが理解できる。

大仙古墳を含む百舌鳥地域では、今でこそ内陸にあるが、当時は大阪湾から見える小高い丘にあった。古市地域はかって存在した河内潟から大和川を遡った地域である。これらの地に他地域から舟で訪れる人々がまず目の当たりにする巨大人工物が墳墓である。つまり示威行為なのだ。だから他地域でも負けずに巨大化した古墳を造った。すなわち古墳の巨大化は古墳時代の群雄割拠を具現化したモニュメントでもあるのだ。

第一一話　「銅鐸」についての新解釈

「近畿を中心とした銅鐸文化圏」と呼ばれるものがあった。しかし九州から銅鐸やその鋳型が発見され、出雲地方の遺跡から大量の銅剣と銅鐸が発掘された。このように各地で出土することから、銅鐸が日本列島に広く分布することがわかり、現在銅鐸の歴史的意味が問い直されている。

考古学的には、銅鐸は祭祀用器具と考えられている。中に舌《ぜつ》という音を発する棒がぶら下がっていることから、祭祀の際に発する音を利用すると想像された。もし祭祀に用いられたとしても、元々の利用法は別にあったと考える方が合理的だろう。祭祀に用いられる銅剣や銅鉾も本来の用途は武器であり、敵を倒す攻撃的呪力や自分を護る神性を感じたからこそ、祈りのための補助として用いたはずだ。純音からほど遠い音を出す銅鐸も初めから祭祀用器具として発明されたとは考えにくい。重要な役割を持つ道具が徐々に神秘性を宿していったと思わせるのは、銅鐸の形状、大きさの進化と符合しているからだ。

五〇センチメートルに満たなかった銅鐸は時の経過とともに一メートルを超えるものが出現した。滋賀県野州から出土した銅鐸は高さ一四四センチメートル、重量四五キログラムに達する。また鈕《ちゅう》（紐を通す把手部分）に円形の突起を付けて装飾されている。銅鐸の研究者は「聞く銅鐸」から「見る銅鐸」への変化と考える見解を持つ者もいるが、この後の論考に基づくなら「鳴らす銅鐸」から「祀る銅鐸」への変容と表現した方が適切だと思う。

では銅鐸の本来の用途とは何なのか。楽器とする説がある。「鐸」は古代中国においては振って鳴らす大きな鈴のことである。銅鐸も出土時の形状から鈴に類した遺物と考えて鐸の字を宛てたのだろう。以前NHKの番組において、銅鐸を復元する試みがなされ、金属光沢のある当時同様のものが複製された。しかし銅鐸から発せられる音は純音からはほど遠く、楽器としての利用は考えにくい。楽器ならば主な周波数の音を持ち、付随する複数の周波数部分がその楽器の音色を決定する。復元された銅鐸は主な周波数部分を持たず、種々の周波数が混じった、いわゆる雑音に近い音を発する器物である。

銅鐸が楽器以外で考えられる機能とはいかなるものか。風鈴や教会の鐘のように、発せられる音そのものに意味があるのではないか。風鈴は風の流れを音に変え、教会の鐘は時報や祝福、危機を報せる。舌を持つ銅鐸も音を発することが目的の道具であったと想像できる。

音を利用する状況について考える。西洋の教会のように、集落の会合、祭り、危機を報せる鐘の役目だろうか。弥生時代のそれほどの規模でない集落での役割のために銅製の舌を持つ道具を発明するとは考えにくい。板木を棒で打つような単純かつ有効な方法は何例も挙げることができる。竹を叩く、ホラ貝、皮を張った太鼓等々。したがって舌を持つ鋳物の銅鐸を注意喚起のためにわざわざ使用するとは考えにくい。

では移動時に用いることはあり得るか。今でも山道で熊に遭わないように腰に鈴を着ける登山家はいる。熊でなく人間を考えた場合、敵対する人達や悪意を持つ集団に自分の存在を報せることは危険を増すことになるだろう。交易商人が商品を携えて旅をする時、目的地まではできるだけ目立たない行動をとる方が無益な争いを避けることになるはずだ。陸路をとる旅人は重く嵩の張る銅鐸を持ち歩くことはないだろう。

音を発する道具として銅鐸を捉えた場合、考えうる最も有効な使用法は海上ではないだろうか。複数の舟で船団を組んで航行する時、船団内の互いの位置を確認する手段として音は視覚と同等の役割を果たすだろう。潮の流れ具合によっては明るい間に浜に接近することができず、暗中航行を余儀なくされた時に音は大切な交信手段となる。あるいはうねりの高い波によって船団がバラバラに散開した時、音を頼りにすれば散開した船を再結集させる機会が増える。

音はその性質上空気の振動として全方向に伝播する。しかし遮蔽物があると振動エネルギーの多くは反射され、遮蔽物の背後に回り込む音は大幅に減衰する。遠くの山寺で鳴る除夜の鐘の音はよく聞こえるが、平地にある寺の鐘の音はビルなどの建物に遮られてあまり聞こえないことを経験している。

直進する音は遠ざかるにつれて減衰するが、その到達距離はかなり長い。凪いだ海上で船から発した音は、反射されることなく水平線以遠に届くが、波がうねる状況下では音は波に反射され遠くに届かない。しかしもし数メートルの竹竿の先端に銅鐸を付け、竹を立てて振ると、舌が揺れて発せられた音は波の上を越えて直進することができる。したがって視野では捉えられない水平線以遠に響かせることも可能だ。この方法は船団の再結集に有効な手段になるだろう。

銅鐸が船団の交信手段との前提で考えると、この方法はいつ、どこで考えられたのだろうか。文化先進国である中国に由来するのではないだろうか。日本（倭国）と中国の交流の路は朝鮮半島を経由することが多い。漢代に半島に楽浪郡、帯方郡などの役所を置き、倭国との交流の窓口としたことは史書に書かれている。

三国時代になると長江下流域を支配した「呉」は倭国との間に密接な交流があった。現代における漢字の音読みに漢音と呉音がある。つまり「呉」で用いられた文字の発音が倭国に伝えられたことによる。一般的に織物、反物を呉服というのもこの国の名に由来する。

「呉」との交流は朝鮮半島経由とは考えにくい。北には敵対する「魏」の支配地域があるからだ。したがって「呉」との交流は東シナ海を横断する船に依ることになるだろう。長江下流域は川幅が広く対岸との交通は舟を頼ることになるが、その操船は外海を航行する技術と変わりないと思える。

「呉越同舟」という四字熟語がある。ここでの「呉」は三国時代の国ではなく、春秋時代にあった「越」に敵対していた国である。敵対する者同士が同じ場所に居合わせること、またそのような状況下で協力し合うことの意味で用いられる。紀元前五世紀のことであるが、その時代から舟の利用はあったのだ。

長江下流は水運が重要な交通手段であり、造船法や航海術も発達していたことが考えられる。航行中の舟同士の交信手段もあったはずだ。前述した四字熟語「呉越同舟」の「越」時代の墓から銅鐸の形に似た陶製の「鐸」が発見されている。この「鐸」

がどのように使われていたかは不明だが、音を発して使用するもので、銅鐸と同様の使用法があったかもしれない。

銅鐸が海に由来する道具「鳴らす銅鐸」と考えると、発掘場所の分布が海岸寄りに多いと気づかされる。特に最古形式の銅鐸（菱環鈕式）の分布は、出雲、加賀、尾張、淡路（島）など海に接する地域に広がっている。「銅鐸文化」は近畿を中心としたものでなく、日本列島各地の海岸の集落を主体とし、農耕民化することにより内陸へ祭祀が浸透したと考えても良いのではないか。航海の安全を願う道具が、一族の繁栄を祝う祭りの祭器「祀る銅鐸」へと変容したことは十分あり得る。

銅鐸に関して「埋納」という言葉がある。発掘現場において、大きい銅鐸の中に小さい銅鐸を納めるとか、大中小の銅鐸を丁寧に入れて「入れ子」にして埋めたことから、銅鐸を地中に埋めることに何らかの意味を持たせて「埋納」と表現したと思われる。しかしこれは納得しがたい。祭器を納める意図を持って埋めるならば、皮袋に包むとか、木で容器を作って収納するのではないか。今のところそのような痕跡はなく、直接地中に埋めた銅鐸が錆びた状態で出土している。

金属器が祭祀道具として用いられるのは、金属光沢の神々しさが重要であるはずだ。それを直接地中に埋めて錆び付かせる行為は、埋めることにひとつの意味しか考えられない。危急の際にとりあえず地中に隠匿したのだ。長く地中に置くつもりは無かったが、結果的に千年以上埋められることになった。

なぜあわてて地中に埋めることになったのか。それは祭祀様式の異なる信仰集団との闘争だろう。現代的に言えば宗教戦争である。前述した推察が正しければ、銅鐸は舟を生業とする集団、漁民や交易商人の祭りに重要な道具建てであろう。

元を糺せば中国長江下流域で発達した航海術のうちに「鐸」を用いる交信法があり、それが倭国に「銅鐸」として伝えられたとの考えを前述した。周りを海に囲まれた日本列島において、舟に携わる業種の人々、漁民や交易商人はこの技術の有効性を理解し学んだと思える。やがて銅鐸は航海の安全を祈願する対象として神器化し、信仰へと変容したのだろう。

他方、北九州には大勾玉、銅鏡、銅鉾を神器とした古代神道と呼ぶべき信仰を持つ勢力があった。彼等にとって銅鐸に宗教的意味はなく、航海する上での道具であり、さらに言うならば単に銅材にすぎない。没収した銅鐸は鋳潰して鏡や剣に作り変える。銅鐸文化圏の人達はそれを防ぐためにとりあえず地中に隠す。「三種の神器」に関する詳細は第二一話で述べるが、この信仰に席巻された結果、銅鐸は近現代に至るまで地中に埋もれたままであった。

出雲（島根県）において銅鐸に関して二ヶ所の遺跡が発見された。まず荒神谷遺跡では三五八本という大量の銅剣が発見され、その出土状況により世間の話題となった。山の斜面を浅く掘った地面に、重なることなく整然と並べられた多量の銅剣が出土した。数の多さから考えると、これらの銅剣は祭祀用器具というより実用的な武器として使用されたのだろう。

剣が出土した近傍で六個の銅鐸が発見されている。高さ二十数センチメートルの小型のものである。これら銅剣、銅鐸が埋められた時期は弥生時代中期末（紀元前一世紀）頃と推定されている。

荒神谷遺跡から三キロメートル離れた加茂岩倉遺跡からは高さ三〇～四五センチメートルの銅鐸が三九個発見された。荒神谷遺跡のものより大型化し、「祀る銅鐸」への変化の兆しが見える。

銅鐸を埋める行為が、「三種の神器」を信仰対象とした勢力との宗教戦争によるとの推測を前述した。また実用的と思える銅剣を浅く埋めることで、武装解除の体をとっているが、戦闘に際してはいつでも掘り出せる思惑があったのかもしれない。

この状況から連想される逸話がある。『記紀』の神代巻にある「国譲り神話」である。高天原の軍勢が出雲の国神（大国主命）に国を譲ることを強要し、無血占領したとする神話である。

このような話の展開は、考古学の成果に対して『記紀』の記述から「つまみ食い」をしたとして、牽強付会の謗《そし》りは免れない。しかし荒神谷遺跡の地の斜面に整然と並んだ大量の銅剣の写真を見た時、血を流さず降伏する決断をした出雲族の首長の姿が重なる。紀元前一世紀頃の物語だ。

「近畿を中心とした銅鐸文化圏」という表現には、日本の古代史学の一派にとって悲願とも言うべき意味が込められていた。「倭王武＝雄略天皇」（五世紀）、「邪馬台国＝大和」（三世紀）に先行する弥生時代において、大和での他地域を圧倒する文明、文化の存在である。考古学的発見を『記紀』に関連付けて、『記紀』を日本の歴史そのものと見なしたい一派こそ、江戸時代の国学者から連綿と続く硬直史観の持ち主達だ。

銅鐸文化圏の旗印を失った彼等が見つけた新しい旗印は「巻向遺跡」である。この遺跡の発掘により「邪馬台国の都はここだ」と短絡し、銅鐸文化圏の教訓を忘れて同じ轍を踏もうとしている。「巻向遺跡」の評価については別の話題として取り上げたい。ここでは銅鐸は、宗教戦争に敗れた、舟を生業とする集団の祭祀の遺物だったと推察する。

第一二話　古代の技術者集団について

現代において不明とされる古代、中世の土木建設や工芸の技術が、洋の東西を問わず多々存在する。最も著名な例が古代エジプトのピラミッドである。最新の科学技術の利用や古代パピルスの発見などによって徐々に解明されている。ただ建設に関してどのような方法が採られたのかについては、諸説あって決着はついていない。

日本でも失われた古代、中世の技術をいくつか挙げることができる。例えば染色法の草木染めについては、現代では発色法が不明の色がある。また江戸時代に法隆寺の金堂を再建した際、屋根が重みで垂れ下がり支柱を立てざるを得なかった。飛鳥時代の建立当時には支柱を必要としなかったことを考えると、古代の建築技術水準の高さに驚かされる。

西暦二〇〇〇年出雲大社の発掘調査で発見された遺構は、大社に伝わる古代からの伝承を裏付けるものであった。伝承によれば社殿の高さは一六丈（約四八メートル）

だとされており、この途方もない数値により、大げさな作り話と見なされていた。

しかし出雲大社に保管されている「金輪御営造差図（神社の平面設計図）」によれば、三本の丸太を束ねた径三メートルになる支柱が描かれており、このような柱を用いれば一六丈の神殿建設も可能だとする考えもあった。この支柱を作るためには直径一・四メートルの巨大な丸太を三本束ねる必要があり、古代において不可能な工法だとする意見が多かった。

二〇〇〇年の発掘調査で三本の丸太を束ねた柱の基底部と考えられる遺構が発見された。柱に用いられた木は平安時代の末期のものとみられた。この近い時期に三本丸太の柱を立てて、出雲大社の社殿を建築したことになる。

この建設がまったく新規の社殿であるならば、一六丈（約四八メートル）の高さとそこに至る階段の偉容に当時の人々は驚くだろう。僧侶や下級貴族など近傍に住む知識人は何らかの形で文書を残すことが期待されるが、そのような古文書はまだ発見されていない。

憶測するならばこの時の社殿建設は新規のものでなく、すでに建てられていた建物の修復工事だったのではないか。今まで見聞きしていた社殿が復旧されたと考えるならば、それほど驚くに値しない出来事だったのかもしれない。つまり平安時代にはすでに三本の丸太を束ねた柱を用いた社殿が存在したこともあり得る。重機のない時代に人力のみで巨大な木造建造物を造る技術についてはまったく伝えられていない。

子供の頃クイズ遊びで、

「大阪城は誰が建てたか？」

「豊臣秀吉。」

「残念でした。正解は大工さんです。」

というものがあった。他愛もない言葉遊びだが、そこには注意喚起すべき点がある。つまり土木建築工事においては「施主（依頼主）」と「施工者（技術者）」があり、両者を区別して考える必要があることだ。

このことを想起させてくれた事例が「朝鮮式山城」である。白村江の戦いに破れた日本は北九州に唐・新羅連合軍が来襲することを恐れて、九州太宰府近傍の山二ヶ所に朝鮮式山城を建設したとある（西暦６６４年、第一〇話）。なぜ朝鮮式なのか。日本と同盟関係にあった百済が亡び、多くの難民が日本に渡来しただろう。その中には朝鮮半島で建設された山城の築城技術を持つ者も含まれていたはずだ。彼らを用いて築いた城だから、朝鮮式山城と呼ばれていたのだろう。

では当時の日本の築城技術はどのような状況にあったのだろうか。大和政権は七世紀中頃から陸奥（東北地方）の攻略に乗り出した。朝鮮半島での戦乱により中断するが以後も続けられる。初期の攻撃拠点は越後の渟足柵《ぬたり》（西暦647年）、磐舟柵《いわふね》（648年）である。名前の通り城ではなく柵となっている。推察すると、この時点で日本には「城」の概念がないかあるいは稀薄だったのではないだろうか。古代中国の都市国家は都市の周囲を城壁で囲っていた。ところが日本では弥生時代以降、集落を壁で囲う思想はなく、後の新都（藤原京、平城京、平安京など）でさえ、外部からの侵攻に弱い開けた都市であった。

朝鮮式山城以後、日本で城と呼ばれる構築物が造られたのは多賀城（宮城県、仙台市付近）だろう。東北地方の攻略が再開され、攻略拠点として造られた（西暦724年）。この建設には朝鮮式山城の築城に関与した技術を利用したと考えられる。新しい技法では版築がある。これは土壁の築造法で、板で枠を作り、土をその中で突き固めるものである。何層にも土の種類を変えて繰り返すので、強度のある土壁が構築できる。

これらの工事における施主は大和政権であるが、施工者である技術者はどのような立場にあったのだろうか。政権内に取り込まれ支配下に置かれていたのだろうか。奈良時代の官制に木工寮《もく》という役所がある。これは八つの省のうちの宮内省に属する一部署であり、主に宮廷内の建物の建設や修理に携わり役所としてはそれほど大きなものではない。したがって政治機構内に土木建設の技術者を傘下におさめる人的、財政的支配力は具わっていないと考えられる。

技術者集団は権力に支配されているのではなく、独立性を保ちつつ依頼に応じてその技能を発揮すると考えるべきだろう。時代を遡って古墳の造営を考察すると、第一〇話で述べたように、経済力、人手、技術があれば誰でも造ることができる。この場合の技術者も当然権力に組み込まれているのではなく、依頼主の要望に応じて古墳の規模や形状を決めたのだろう。奈良時代以前に技術者集団を傘下におく役所が存在しえないことは論じた。

第一〇話で、技術者達の仕事内容として古墳の縄張り（設計図）、資材の調達、労働者の指揮などを挙げたが、これらは古墳建設の造営システムに関する諸問題である。しかし古墳建設にあたっての純粋に技術的要求が存在する。

具体的に古墳建設の過程を考えてみよう。まず立地した場所の地ならしが行われる。次いで棺を納める石室とその出入口の通路が造られる。さらにそれらを覆うように土が盛られ、古墳の形状（円墳や前方後円墳）を整えるように突き固められる。最後に「葺石」と呼ばれる石によって表面全体が覆われる。後に埴輪によって種々の装飾がなされるが、これは実際の葬儀の際におかれるのかもしれない。

古墳建設過程で最も重要とされる技術は石積みだろう。石室は巨大な岩を積み上げて、振動や漏水に強い構造になっている。飛鳥地方に残る石舞台は古墳の石室の遺構とされている。巨石を組み合わせたこの遺構は多くの地震に耐えたことになる。

近年では阪神淡路大震災、古くは豊臣秀吉の大阪城が破壊された慶長大地震など歴史に残る地震は畿内にも数多く生じた。飛鳥の石舞台はそれらに耐えて崩壊することはなかった。この石積み技術は後世の石垣造りにおいて、重要な技術の先駆けとなるものだろう。

古墳にはさらに重要な石積み技術がある。「葺石」技術である。弥生時代以降水田耕作が農業の主形態となっているが、稲作には豊富な水が不可欠である。日本は春雨前線、梅雨前線、秋雨前線と季節の変わり目に停滞前線が出現し、多くの雨をもたらす。また夏から秋にかけて南海上で発達した台風が一過性の多量の雨を降らせる。

単純な盛り土は雨に弱く、地中に滲み込んだ水分は流路を作り基部から流出し盛り土を崩す。古墳の表面には石が敷き詰められているが、雨水が土中に浸潤すれば、同様のことが起きるだろう。しかし雨により崩壊した古墳の跡はどれほどあるのだろうか。現代見られる古墳のように樹木が生い茂ったなら、土中への水の浸潤は防げるだろうがそうなるには数十年を要するだろう。

「葺石」という語をいつの時代から用いたのか知らないが、敷石ではないという意味で重要である。

葺く（ふく）……木、植物、瓦で屋根を覆うことがその意味であり、家の中に雨水が入らない、つまり雨漏りを防ぐことである。だから「葺石」とは瓦などで葺いた屋根と同様の機能を持つ、盛り土に雨水を流さない技法と考えるべきだろう。

平らな石を瓦のように下の石の上に重ねて雨水を表面に流すように葺いたのか。石と石の間隙に粘土や漆喰様の物を充填したのか。このような技術的観点から調べられた報告が有るのなら教えていただきたい。

「穴太衆《あのうしゅう》」という石工技術の集団がある。歴史上で彼等が脚光を浴びたのは、戦国時代末期の織田信長による。信長は城壁に高い石垣を用いた最初の武将とされている。それまでの土塁による防御壁と異なり、自然石を積み上げて高い石垣を造り城の守備をより堅固なものとした。この自然石を組み合わせて造る手法を野面積み、または穴太積みといい、城郭建築に一線を画すようになった。

江戸時代初期の城壁には石と石の間に隙間のない切石積みの工法が用いられるが、

この技術も穴太衆に伝えられていた。この工法は石の接触面を一致させることにより石垣の美しさが際立つ。しかし面による接触は地震による横ずれに弱く、野面積みの方が強いことが科学的に証明されている。

滋賀県の比叡山麓の坂本に「穴太」の地がある。そこでは現代においても会社組織となって石積みの技術が連綿と伝えられている。穴太衆には「我らの御先祖は古墳を造った。」という古来からの言い伝えが囁かれている。雨水の浸潤を防ぐ工夫をした古墳の石室や葺石には、穴太衆の御先祖が関与していたのかもしれない。

石工技術を持つ集団は古墳時代以降、戦国時代から現代に至るまで、連綿とその技術を伝承してきた。そして時の権力者の支配下に置かれることなく、依頼者の要求に応えることで独立した存在を維持したと考えられる。

施主（依頼者）と施工者（技術者）の関係において悩ましい事例がある。巻向遺跡で発見された大型建物の遺構がそれだ（図1・130ページ）。南北一九・二メートルに九本の柱、東西一二・四メートルに五本の柱、合計四五本の柱を用いた建物である。三世紀前半から中期頃のものと考えられている。この時代に他に例のない大型の建物となる。

早速つまみ食いの好きな歴史学者は

「邪馬台国の王都はここ巻向にあった。」

「卑弥呼の宮殿だ。」

と推理小説マニアの本領を発揮した発言が聞こえる。しかしこの考えは明らかにおかしい。柱が二・四メートルと三・一メートルの間隔で立つ屋内が王宮として相応しいだろうか。王が鎮座する場として柱が多すぎて威厳を損ねるのではないか。先入観なく考えると倉庫のように思える。

この時代に重要な建築物は何だろうか。王宮が必要不可欠なのだろうか。それより重要なのは食料を保管する倉庫だと思われる。収穫した米はその一族が一年間食を満たす大切な生活財である。この観点から考えても倉庫と見なしてよいのではないか。

古代の先進国である中国やその出先機関の郡都の役所には大型の建物が存在したはずだ。その建築技術を持つ渡来人が、大きな建物を望む豪族と出会うことによって、この時代に似つかわしくない大型の建物が出現したと推測してもそれほど的外れでないと思う。今後このような建物の遺構が発見される可能性はあるが、現時点では施主と施工者の偶然の出会いが、時代に先行する大型建物の建築に至ったと考えるべきではないだろうか。

以上古代の技術者について概観した。過去の巨大な構築物を時の権力者の偉業と結

図1　纒向遺跡の大型建造物

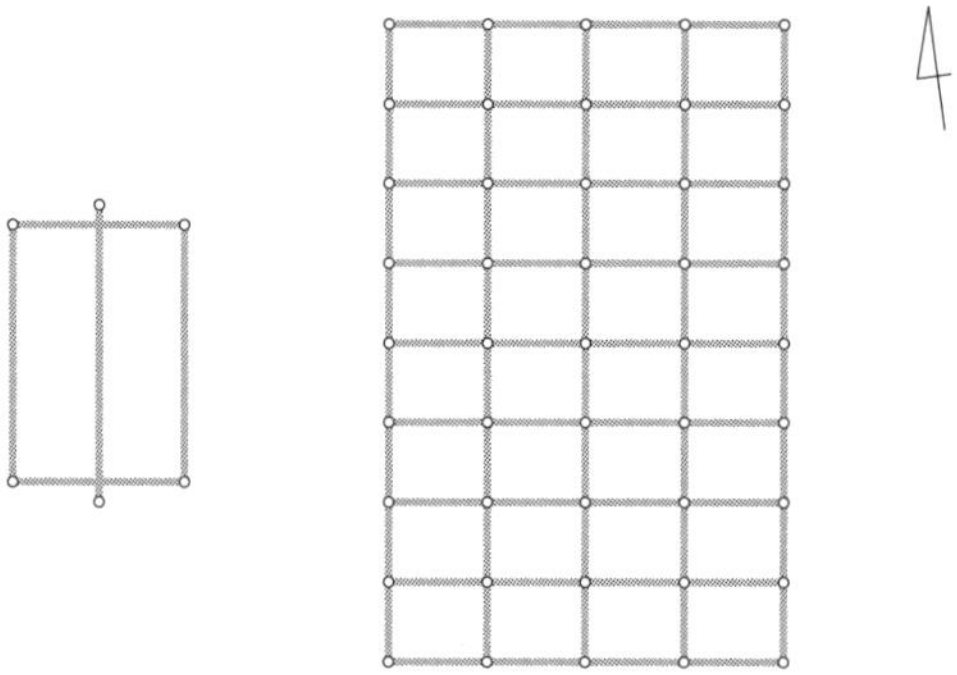

（注）大型建物は掘立て柱の遺構のみ表示。南北19.2m、東西12.4mで、45本の掘立て柱があった。

びつけがちになる。しかしその間に技術者を介在させると、違う視野が広がるように思える。巨大古墳は権力の集中の証ではなく、依頼主の要望に応じた技術者の力量の結果にすぎない。巻向遺跡の倉庫のように思える大型建物は大陸や朝鮮半島で建てられていた一般的な建物の踏襲なのかもしれない。このような観点がないと、歴史の迷路をさまよう恐れがある。

第一三話　「熊野古道」の新解釈

ユネスコの世界文化遺産として「熊野古道」の一部が登録された。「紀伊山地の霊場と参詣道」の中に「熊野古道」が含まれている。道路が世界遺産に登録された例は、スペインの「サンティアゴ・デ・コンポステーラの巡礼路」が最初の例で、「熊野古道」は二番目となる。

「熊野古道」は霊場熊野三山、すなわち熊野本宮大社、熊野速玉《はやたま》大社、熊野那智《なち》大社に対する熊野信仰、熊野詣での目的のために整備された参詣道である。紀伊路、大辺路、中辺路、小辺路、伊勢路がある（図2・141ページ）。大阪湾に沿って紀伊田辺まで続く紀伊路は、古道としての保存が不十分なため世界遺産から除外された。

小辺路は熊野本宮大社と高野山を、また伊勢路は熊野本宮大社や熊野速玉大社と伊勢神宮を結ぶ道である。したがって都から熊野三山を参詣する道は紀伊路、大辺路、中辺路の三つの道となる。大辺路は紀伊田辺から海沿いに進み、熊野川河口から内陸に入り熊野那智大社に至る。中辺路は紀伊路から内陸に入り熊野本宮大社、熊野那智大社を経て熊野速玉大社に詣でる道である。

現在に至る霊場（熊野三山）と参詣道（熊野古道）は中世初期（平安時代）にはすでに成立していた。宇多法皇の御幸（西暦907年）が皇室で熊野詣でを行った最初の記録とされている（表9・141ページ）。しかしさらに時代を遡って考えると、信仰に基づく巡礼の地はどのような経緯により成立したのだろうか。「神社縁起」などに頼らず、状況証拠を積み上げて考察したい。

道がすでにあって、その途次に霊場としての神社が建てられたのか、それとも信仰対象としての社が先に存在し、その参詣のために道が造られたのか。「卵が先か、鶏が先か」の問いに似ているが、答えは意外と単純で霊場が先で道が後だと考えられる。

平安時代初期、弘法大師空海が真言密教の修行の地に選んだのは、紀伊国（和歌山県）紀の川よりわずか一〇キロメートル南に位置する高野山であった。紀伊山地の北端にある地でも俗世界から隔離され、仏教の修行に打ち込めると空海は判断したのだろう。

奈良時代の仏教の渡来により、山岳信仰と結びついた修験道の行者や密教の修行僧が紀伊山地を苦行の場として駆け回っただろう。しかし彼らが熊野三山を霊場として新規に開設したとすれば、当然寺院であって神社ではないはずだ。また彼らが道を整備することも考えにくい。道なき道を行くことが修行になるはずだからだ。

仏教や修験道が盛んになる平安時代に熊野三山の神々に、仏化による仏名を配する形で熊野信仰に割り込んだ事実がある。熊野本宮大社に祀られる「家都御子神《けつみこのかみ》」は阿弥陀如来として合祀されている。したがって仏教渡来以前にすでに熊野の霊場が確立していたと考える方が納得しやすい。

稲作を中心とした生活を営む弥生、古墳時代の人々にとって、紀伊山地は可耕地がほとんどなく魅力のない土地であった。それ以上に人に危害を加える獣が棲み、急峻な地形は人を寄せ付けない危険な秘境であったはずだ。取り立てて資源や産業のない地に人々が行き交うことはなく、道が踏み固められて残ることはなかっただろう。霊場が世に喧伝されてはじめて、参詣する人々の踏む道が古道として残ったと考えられる。

では先行して存在した霊場はどのような成り立ちによるのか。熊野本宮大社は過去には「熊野《くまの》坐《います》神社」と号し、古くから熊野の地での信仰の場であったようだ。熊野川・十津川水系において急峻な渓谷が続く中で、熊野本宮大社が建つ場所は河原が広くなり、さらに一段高くなった丘陵地も背後に控えている。

弥生時代以降、米作に不都合な紀伊山地は人々が開拓する地ではなかったが、無人の地でもなかった。『古事記』には「神武天皇」が海路紀伊半島を半周し熊野の地に足を踏み入れた後、「大熊」、「熊野の山の荒ぶる神」、「八咫烏《やたがらす》」などの人物に出会い、味方になったり敵対したことを記述している。

このような人々は食料や毛皮を得るために獣を狩り、栗や栃などの木の実を採取、貯蔵し、自生の、あるいは焼き畑農法によって育てた雑穀を収穫して生活する「山の民」だ。彼らの信仰についての知識はない。しかし日本特有のアニミズム文化を考慮すると、春の芽吹きや秋の実りの季節に、彼らが集い、自然の恵みに感謝する行事があったとしても不自然ではない。

熊野本宮大社の主祭神は「家都御子神」と呼ばれているが、『記紀』には現れない神である。つまり在地の神であり、紀伊山地に生活する人々が熊野におられる神（熊野坐神）として祀り、感謝を表したのではないだろうか。このような信仰の場が熊野本宮大社の建つ地に、弥生時代からすでに存在したと考えたいが、その物的証拠はない。

次に仏教が伝来する以前の熊野の霊場に参詣する道すなわち「熊野古道」はどのように成立したのだろうか。想像を逞しくすれば、二つの仮定を思い浮かべることができる。一つは「神武天皇」が大和に侵攻した際に合力した山の民の存在である。『記紀』で述べられたように、案内人としての八咫烏をはじめとする山の民が、米作地帯での恩賞を期待し、「神武天皇」に味方したと推測した。日向を出発した「神武天皇」一行は単独では不足する戦力を、山の民の協力によって増強し、大和への進出を果たしたことが『記紀』の記述から推察できる。

山の民も論功行賞によって領地を大和の地に得たことは『日本書紀』に記されている（引用資料二三―一）。彼らの氏神である熊野坐神社への戦勝の御礼、受領の感謝、一族の繁栄などの祈願のため、熊野の地に参詣することはあっただろう。ただ山の民にとって吉野から急峻な山を越え、狭い十津川の渓谷を下ることにそれほど苦労はなかっただろう。しかし一般的な熊野詣での道としては困難な道だと思われる。後に修験道の大峯《おおみね》奥駈《おくがけ》道《みち》と呼ばれている。したがって奈良と熊野を最短距離で結ぶ十津川に沿っての道は「熊野古道」とはなり得なかった。

熊野の霊場、参詣道の成立に関する二つ目の仮定は、「九十九《つくも》王子《おうじ》（くじゅうくおうじ）」という語の吟味に基づく。「九十九王子」とは中世に熊野詣での案内役を務めた修験者によって組織された神社群のことを指すと解説されている。参詣者の無事安全を祈願するためのもので、紀伊路、中辺路に沿って百を超える神社が確認されている。

なぜこれほど多くの王子社が存在したのか、その経緯について考察したい。「九十九王子」は多くが（地名）＋王子の名称で呼ばれている。例えば、

「津守王子」（大阪府大阪市津守）

「境王子」（大阪府堺市）

「佐野王子」（大阪府泉佐野市）

「湯浅王子」（和歌山県湯浅町）

「三鍋王子」（和歌山県みなべ町）

などである。残存する王子社は近在の神社に合祀されている。ということは合祀される前には単独で王子社が存在した時期があったのではなかろうか。王子社とは何なのか。

「王子」の語義から考えたい。当然王の子供の意味であろう。「王」とは王国の支配者の称号である。古代中国において「夏」や「周」の支配者のみが「王」を名乗っていた。春秋時代に周王朝が無力化しても「王」は周王一人であり、割拠していた群雄達は「候」であった。戦国時代になって戦国七覇の国が中華を分割した時、各国の支配者は「王」を名乗り「王」の価値は低下した。したがって「秦」が中国を統一した時、「王」を捨て新たに「皇帝」の称号を創設した。

古代日本では「王」の位置付けは全く異なったものであった。『記紀』によれば日本は「王」を戴く王国でもなく、「皇帝」が統べる帝国でもない。あえて言えば「皇尊（天皇・スメラミコト）」が天下を治める「皇国」となる。この用語は太平洋戦争前の国粋的な極右思想を連想させることにより、戦後には死語同然の扱いとなっている。しかし『記紀』には飛鳥・奈良時代の日本を王国や帝国とも違う国とする狙いがあったように思える。

『記紀』に現れる「王」は「開化天皇」（九代）の子「日子坐王《ひこいますおう》」に始まる。「日子坐王」の子や孫にも多数の「王」が存在する（巻末資料　天皇家族系図）。「垂仁天皇」（一一代）以降の天皇の子にも「王」と付く人が多く出ている。この命名法は「親王」という称号が現れる「光仁天皇」（四九代・奈良時代最後の天皇）の頃以降も続く。しかし主に「王」の出現は奈良時代までに多いと考えてよいだろう。

天皇を継承する、あるいは継承権を有する太子はすべて「命（尊）」の称号であり、「王」から天皇に即位することはまれな例だ。例外的に「清寧天皇」（二二代）には子がなかったために、「履中天皇」（一七代）の孫（市辺忍歯王の子）である袁祁《をけ》（「顕宗天皇」・二三代）・意祁《おけ》（「仁賢天皇」・二四代）が天皇に即位した。通常、「王」は皇族から離れ、臣籍へ下りる第一段階だったのだろう。

現代人の感覚からすれば、中国やヨーロッパでの「王」の用い方と異なり、多数の「王」の存在は最高権力者の希少性を薄め安売り状態にあると思わせる。さらに「王子」となるとさらにその数は増すだろう。ここで話を本題の「九十九王子」に戻すと、この「王子」は「王」の子であると単純には考えてもよいだろう。なぜなら古代日本では「王」や「王子」は皇族から離れて臣籍に下りた人に用いられる語であって、他の使用例は考えられないからである（第二三話「王」の特殊用法）。

その「王子」達がなぜ「熊野古道」に名を残すことになったのだろうか。「王子」と霊場熊野を結びつける可能性の高い仮説は「聖地巡礼」だと考えられる。つまり「大和天皇家」の末裔達の間に、始祖「神武天皇」の行跡を辿る苦難の旅を自分達が体験することが流行したのではないか。

「王」や「王子」の生活状況を推考したい。彼らは皇族から離れることにより、皇室の行事や仕来りから解放される。また皇位継承権を失ったことにより、政争からも身を遠ざけることができた。反面「王」一族は自身を護り、繁栄を図る必要があった。ある者は武力を高めることにより、武士化していった。またある者は貴種であることにより、各地の豪族と婚姻関係を結ぶことで有力な後援者を得た。

以上のことから「王」一族は経済的、時間的な余裕があったと考えられる。この生活環境下で「王子」達を「聖地巡礼」に駆り立てる動機は何だったのか。主な理由は、皇族から除外されたとしても、「大和天皇家」初代の「神武天皇」の末裔である自負、誇りではないだろうか。これが憧れの「神武天皇」の行跡を「王子」達自身が体験する困難な旅に対する動機だったと推測したい。

奈良時代以前の旅行がどのようなものであったか想像するしかない。貨幣経済が未発達であったから、物品を購《あがな》ったり、宿泊代を支払うことはない。食料、特に米は従者に持たせたと考えられる。王子社の中には「馬留王子」、「厩戸王子」とあるのは馬の利用もあったからだろう。物々交換のために、軽く嵩張らない絹布のようなものを持参したかもしれない。

個人名の王子社が見当たらないことから、一人の「王子」が従者を引き連れて「聖地巡礼」を行った例は少なかったのではないだろうか。複数の「王子」達が団体で行動する方が、旅の安全を図れるのは当然であろう。宿泊時、それが野宿であれ、集落の民家であっても、彼らは道中の安全や「神武天皇」への感謝を祈願し、祭壇を造って祈ったのではないだろうか。この行為が後に王子社として祀られ、さらに近在の氏神神社に合祀されるに至ったと推測される。

彼ら一行は紀伊路から大辺路を経て、熊野本宮大社（熊野坐神社）の地に到達した。

本来ならここから北へ進み、十津川峡から急峻な山越えの道を踏破するはずだった。しかしあまりにも危険な道なので、西方向の比較的緩やかな山道を進み、海岸に出るルートを拓いたのではないだろうか。これを中辺路の由来とするには、想像を発揮しすぎの批判は免れない。

しかし日本独特の「王」の使用法を考えると、「王子」の存在が主に奈良時代までに限られていることに注目すべきだろう。「九十九王子」が限られた時期の「王子」の足跡だと考えるならば、「熊野古道」の成立に彼らの関与を想定することは、ありえない話と切り捨てるべきではない。

平安時代中期から「宇多上皇」による熊野御幸が始まる（西暦907年、表9）。上皇達は院政により富と権力と自由を手に入れた。彼らは「九十九王子」が開通させた参詣道を通り、始祖「神武天皇」が辿った聖地熊野神宮に詣でたのだ。上皇達の行動の動機は、先行する「九十九王子」の「聖地巡礼」を踏襲するものと思える。

図2 熊野古道

表9 上皇の熊野御幸一覧

上皇・法皇	初年	終年	回数
宇多	延喜七年 (907)		1
花山	永延元年 (987)		1
白河	寛治四年(1090)	大治三年(1128)	12
鳥羽	天治元年(1124)	仁平三年(1153)	23
崇徳	康治二年(1143)		1
後白河	永暦元年(1160)	建久二年(1191)	33
後鳥羽	建久九年(1198)	承久三年(1221)	28
御嵯峨	建長二年(1250)	建長七年(1255)	2
亀山	弘安四年(1281)		1

第一四話 「石工業時代」について

戦国時代末期に建造された城の石垣は切石積みと呼ばれる技術によって石造建築の美しさを表現している。世界遺産に登録された姫路城をはじめ各地に残る城や城跡の石垣は、穴太衆と呼ばれる石工集団など多くの石造技術を持った人々により造られたものだ（第一二話）。

穴太衆の間には「我々の先祖は古墳を造った。」との言い伝えがある。確かに古墳の石室における技術の精緻さには驚かされる。高松塚古墳やキトラ古墳の石室内部に描かれた極彩色の絵は千年以上の時を経ても、鮮やかに残されていた。漏水の影響もほとんどなく残された石室を見ると、古墳時代にすでに精巧な石工技術が完成していることを示していた。

戦国時代の石工技術が古墳時代にすでに同じ水準に達していたと考えると、さらに時代を遡ってその技術の進化を辿ることに興味が湧く。世界に目を向けると最も有名な巨大建造物はエジプトのピラミッドだろう。縦、横、高さが二メートルを超える巨石を切り出し、成形、運搬し、積み上げて造られる。その内部は防水性が高く、ほとんど漏水は見られない。四五〇〇年前にすでに巨石建造物は完成の域にある。

結局石工の技術を考えるには「石器時代」に遡らざるを得ない。「石器時代」は大きく旧石器時代と新石器時代に区分される（図3・151ページ）。世界史ではその後青銅器時代、鉄器時代と続く。日本では遺跡から出土する土器を主に縄文式土器と弥生式土器に分類する。したがって旧石器時代以降、縄文時代、弥生時代と時代区分は土器に基づいてなされた。ただ並行して石器は用いられて、新石器時代は概ね縄文時代と重なっている。

旧石器時代は約二四〇万年前にホモ・ハビリスが石器を使用したことに始まる。以後ジャワ原人、北京原人にも石器の存在が認められ、旧人に分類される約三〇万年前のネアンデルタール人に続く。

現生人類であるホモ・サピエンスは約二〇万年前にアフリカの大地溝帯に出現する。彼らは多大な年月をかけて全世界に拡散した。約一万年前まで旧石器時代に区分され、以後新石器時代が始まる。

旧石器時代は打製石器、新石器時代は磨製石器を特徴としている。言い換えると、二つの石を打ち合わせて砕けた石に注目するのは旧石器時代、砕けなかった方に関心をよせるのが新石器時代と考えると理解しやすい。

旧石器時代では砕けた石の破片の中から鋭利で使えそうな石片、すなわち打製石器を用い、刃物や武器が作られる。木の柄を取り付けることで石斧ができる。黒曜石の破片は鋭い角を持ち、肉を切る包丁として十分実用性がある。ただし砕けた石は硬度において劣るので、磨耗、破損が多く消耗しやすい。

新石器時代になると、砕かれた石から有用な石片を求めて石器として使うと同時に、砕かれなかった硬い石にも意識が及んだ。石を砕く道具としての認識である。つまり石器を作製する、あるいは石を細工する時の工作道具として考え始めたことになる。硬い石を工具として使用することにより、先端が鋭いが脆い尖頭器の消耗を上回る製産を容易にしたのではないだろうか。

また硬い石は砕かれた石片の尖端や刃の部分の成形や研磨に用い、より使いやすい鋭利な製品を作ることができた。石の硬度を意識することにより製品としての石器にさらに硬い石を用い、耐久性の向上も図られたと思う。このことで石器は狩猟の道具や敵と戦う武器だけでなく、より広い用途を見いだすことになる。

例えば土木である。大木を鋭い刃を持つ石斧により切り倒すこと、その木をくりぬいて舟を造ることも容易になる。家や集落の周りに溝や濠を巡らせるために、柄を付けた石器、すなわち鍬《くわ》が使われただろう。また木や獣骨を細工するための道具なども工夫されただろう。

約五五〇〇年前にメソポタミア地方に都市国家が興り古代文明が出現した。しかし文明は突然成立するのではなく、前段階に小都市、さらにその前には集落群があったはずだ。この文明前夜の状況はどうだったのか。

メソポタミア地方に始まる農耕文化は広くユーラシア大陸に広がり農耕社会が成立する。時代区分としての石器時代は終わることになるが、道具や工具としての石器は引き続き使用された。土地を耕す耜《すき》や収穫時に用いる鎌は石器を工夫して作られ、用いられたはずだ。

農民は農地に定住する。農地が拡大し人口が増えるとともに集落が形成される。集落の中には市場が存在し、余剰生産物や生活必需品の交換が行われただろう。さらに大規模な集落、つまり都市化するにつれ、小麦の製粉やそれを焼くパン屋、また家を建てる建築業や資材の製造業なども出現したと思われる。

これは都市における職業の分業化、専門化であり、石器作りもその例に漏れないだろう。狩猟道具や武器としての石鏃《せきぞく》、刀、槍も自己防衛のために作られる一方、農具や包丁のような日用品や木材を細工する工具などを作ることが多くなったのではないか。

人々が密集して定住すると、心の拠り所として神殿が求められる。古代メソポタミアの都市国家には石造りの神殿がある。同時期（約五五〇〇年前）にマルタ島にも巨石神殿が発見されている。メソポタミアを含む乾燥地帯では一般民衆の住居には日干しレンガが用いられていた。しかし荘厳な巨大建築の材料として日干しレンガでは建物の荷重に耐えられない。したがって負荷に耐えられる石造りの建造物が求められたのだろう。

集落が巨大化すると貧富の差が生じる。経済力の偏在は政治権力へと移行することは、いつの時代にも当てはまる公式だろう。権力者は自分を守り、他を威圧するために堅固で豪華な宮殿を欲する。このように文明の黎明期にはすでに石造建築物の需要があった。

文明が勃興した時点で石工技術はほぼ完成したのではないだろうか。石工達が用いる石材加工の道具は、石工が専門化するにしたがい、効率よく工作できるものを考えたはずだ。より硬い石や、割れやすい石の方向性などの知識も蓄積したと考えられる。道具としての石器も金属器、特に鉄器に置き換わるまでは重要であった。武器や日用品としての刃物はより鋭くする加工技術が工夫されただろう。

穴の開いた石器が多数出土している。つまり石に穴を穿つ道具と技術を石工達が持っていたことを示している。建築資材として石を切り出す場合、巨石に一列に穴を穿ち、その岩より硬い楔《くさび》となる石を穴にはめ込んで槌で打つことにより、目的を達成することが可能だろう。また切り出した石材を積み上げる際に、安定を保ち、漏水を防ぐために、石の接触面を隙間がないように成形する技術も持っていたと考えられる。

専門化した石工達の技術によって、石造りの宮殿や神殿がメソポタミア地方に成立した古代都市国家において建設された。約五五〇〇年前のことだ。後代に造られた巨大建造物の源流がここに在るのだろう。

約一万年前に、世界史の時代区分では新石器時代が到来したとされている。しかしこの時代の間に一連の文明化、都市化によって石に関する産業は小さな石器に止まらず、巨石の加工へと広がったことはすでに述べた。つまり新石器時代は製品としての石器を考えるだけでは十分ではない。石の属性、すなわち分類、硬度、性質など石に関する多くの知識を持ち、石を加工する工具に工夫を重ね、石を成形する技術を高めた石工達はさらに専門化しただろう。

岩盤から大石を切り出す作業、その石の運搬、石の積み上げと水漏れを防ぐ接触面の成形、種々の作業に必要な工具の工夫と作成などに分業化し、それぞれの業種に必要な知識と技術があったと考えられる。石を原材料として武器や道具を造るだけでなく、建築資材として城、神殿、橋梁などを造る生産工程は、システム化された一大産業、つまり「石工業」と呼べるものである。これは後の「鉄工業」に対比させた語である。

「新石器時代」には農業、牧畜という第一次産業が始まった時期である。農業の生産性が向上すると、余剰生産物が生産者以外の人々を養うことができ、多種多様な職種を産むことを可能にした。これが文明発祥の礎となったのだろう。

文明を育むもう一本の柱が「石工業」である。武器や道具など小さな石器のみならず、古代都市国家の社会基盤（インフラ）整備に「石工業」は不可欠なのだ。社会が成立している地形や気候など環境によって要求される社会基盤は多様だろう。信仰が異なれば、神殿や墳墓の形状は異なる。水辺に存在すれば治水、利水を考慮するとともに、港湾施設も造られたかもしれない。城壁や宮殿なども状況に対応した要求があっただろう。このような社会基盤整備の能力があったからこそ、文明が開花したともいえる。

歴史の時代区分は政治体制や文化革新に基づいて決められている。この基準を産業形態に置くと、全く別の時代区分が見える。今までの旧石器時代と新石器時代の区分は、「石器時代」と「石工業時代」とに分けられる。約一万年前を境に、石の破片を利用する石器時代から、石を素材として都市インフラや生活インフラを整備し、文明を維持する石の産業の時代へと変容した。

「石工業」の本質的な内容を考えると、「石工業時代」は一八世紀後半の産業革命の時期まで続くことになる。しかしこれに対して、すでに発見されている金属器との関連を問題視する方々もいるだろう。青銅器が使われ始めた頃、石器時代から青銅器時代へと時代区分は移行するとされた。だがその期間は短く、鉄が生産されると銅器や青銅器の利用は一部の装飾品に限られた。この時期においても石器の使用および「石工業」は継続していた。

約四〇〇〇年前トルコのアナトリア地方で鉄の生産が始まり、後に鉄製武器を手にしたヒッタイトが東地中海沿岸を席巻し王国を築いた。鉄製品は武器として高い性能を持っていたが、同時に工作道具としても実用性が高く、たちまち石器や青銅器を駆逐した。鉄器時代の始まりである。産業として考えると鉄器時代とは文字通り鉄製の器具を作り使用する時期となる。ただ鉄の工具を用いたとしても、インフラ整備に関する産業は依然として「石工業」が担っていた。それは古代から中近世まで続いた。

古代ギリシャにおいてアテネの丘に立つアクロポリスの神殿は、古代ギリシャ人の美意識の高さを表している。古代ローマの水道橋はインフラ整備の重要性を認識していた証拠だろう。「すべての道はローマに通ず。」と言われるように、ローマに集まる街道は石畳で造られた。中世ヨーロッパの各国の王族は豪華な宮殿を、イスラム教の支配地域では大きなモスク（礼拝堂）を石造りで建設し、現代に残存しているものは多い。

近世になって動力機関が発明されると、インフラ整備の資材として鉄が大量に用いられる。建物に鉄骨や鉄筋が使用され、蒸気機関車が走る鉄道線路が敷かれる。鉄橋や蒸気船が造られ、インフラ整備の資材に鉄を使用する「鉄工業時代」が到来する。この時期から「石工業」は特殊な建造物や古い時代の石造建築物の保全や修復などに限られるようになった。

時代が先行してしまった。話を古代日本に戻そう。古代文明をインフラ整備の役割で下から支えた「石工業」は中国へと伝えられたと考えられる。中国独自の石器文化があったとする学者もいるが、メソポタミア、エジプトで成立した「石工業」文化は、千年以上遅れて興隆した黄河、長江文明に伝えられるには十分な時間だろう。

そして黄河文明の「石工業時代」は朝鮮半島を経て日本に伝わる。いつ頃だろうか。

図3 金属器・土器年表

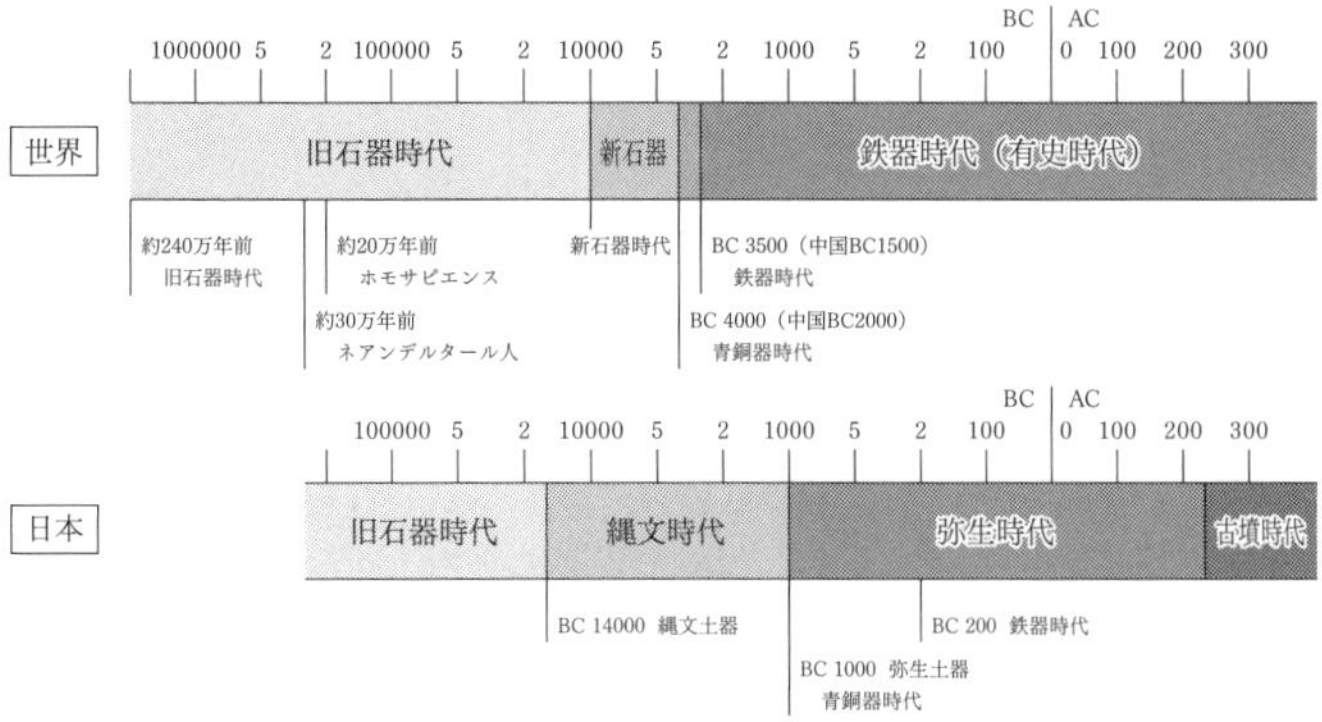

古墳時代には玄室などに完成した石工技術が見られるので、それ以前弥生時代後半には伝わっていたと考えられる。

温暖、多湿の日本では森林が広く分布し、石材以上に木材が容易に入手できた。仏教伝来以後の寺院建設や、新都（藤原京、平城京、平安京）建設の都市インフラ整備には、多くの木材が使用され「石工業」は成り立たなかった。古墳時代に興隆した石工の技術は千年後に城郭建築において再度花を開くことになる。そして現代においても、なお細々とではあるが連綿と維持されている。

第一五話　奈良盆地の経済学

太古、奈良盆地全体は水で満たされた湖であった。湖水は大和川から流れ出て、大阪平野ができる前の河内湖に至った。河内湖は永く残存し中世まで湿地帯となっていた。しかし奈良湖はもっと早くに干上がり、古墳時代には大部分が陸地化していた。湖底の土泥は動植物の沈殿物を含む栄養豊富な地層を形成した。

奈良盆地を流れる大和川の支流は四方に葉脈か血管のように奈良盆地に拡がっている（図4・157ページ）。北へは竜田川や佐保川など、南へ葛下川、葛城川、飛鳥川など、そして大和川は名を変え東に初瀬川となる。さらにそれらの川は支流を作り二〇ほどの川が奈良盆地を潤している。その流れは大雨の時には山から砂礫や土泥を運び、傾斜の緩やかな地で堆積させる。これが扇状地である。

手付かずの山野は樹木に覆われるが、扇状地は毎年の出水により草木の生育が阻害され裸地や草地として残る。扇状地の辺縁部は粒子の細かい土泥が沈殿し、稲作に適した土地を提供する。このような可耕地となる地域が奈良盆地の各地に出現する。東西二〇キロメートル、南北三〇キロメートルの奈良盆地に弥生人が水田耕作のために入植するのは時間の問題であった。山からの豊富な養分を含む水を利用し、二〇河川の流域で稲作が行われ集落が形成される。開発が進むにつれ、集落の規模が大きくなり人口が増大する。労働力が増すと樹木の茂った低地を開墾しさらに農地を増やす。それがさらに人口を増加させる。その結果を示すものが世界遺産にもなった巨大墳墓の建造である。巨大な前方後円墳の建設には多数の人手（人口）が必要である。さらにその陰には人口を支える肥沃な農地と農業生産性の高さがあったのだろう。

歴史学者は古墳の大きさから、古墳時代には大和にいる権力者が倭国（日本）を勢力下に治めたと結論している。しかし他の地方にも巨大古墳が存在し、古墳の大きさの比較は人口や経済力の差であって、古墳時代初期から大和に倭国を治める政治機構が存在した直接的な証拠がないことは前述した（第一〇話）。つまり古墳の大きさからわかることは、農業生産力に基づく経済力の差違でしかない。

次に考察したい経済学は物流、交易である。人と物の移動は古く縄文時代にも見られ、日本海側で多く産出された黒曜石が日本各地の縄文遺跡から出土している。また各地で生産された土器が遠く離れた遺跡から発掘されている。貨幣経済のない時代、当然交易は物々交換による。交易に関して二つの面、つまり商人と商品から考えたい。

商人は商品を揃えて、欲する人に売ることにより利潤を得る。ほとんどの場合、文明の高い地域において、辺境の地では手に入らない物品を携えて商売をする。つまり弥生時代には中国大陸に近い北九州において珍奇な、あるいは有用な品々を東方の辺境へ持ち込むことになる。

商人はどのような商品を扱うのだろうか。嵩張らず軽く価値の高い物だろう。まず布製品、絹や木綿の布が考えられる。また貴石や貴金属で作った装飾品だろう。磨耗部分に鉄板を使った農具などの鉄器も弥生時代後期には商品として扱われたと思われる。

では奈良盆地の人々は商人に何を提供できたのだろうか。前述したようにこの地は多くの人口を支える大米作地帯だった。弥生時代から古墳時代には稲（米）は単純な商品というより重要な決済商品と考えてよい。稲作不適合地の住民や天災による不作を被った地域に対して高い需要が見込まれ、稲の生産力が高い奈良盆地は商人にとって購買力がある魅力的な土地だっただろう。

大和で製作された土器が九州や朝鮮半島で出土したことから、土器が商品として扱われていたと考える人もいる。しかしこれは考えにくい。縄文時代以降、粘土を成形し高温で焼けば土器を作ることができるという知識は、倭国のみならず東アジアに共通する土器文化として根付いていた。したがってある地域の土器が特別に商品価値を持つ、現代で言えばブランド化するのはもっと後代のことである。

では土器が生産地を離れた遠くで出土する理由は何か。それは土器が運搬道具として用いられたからだろう。液体の運搬には壺は不可欠だろう。酒、油脂、蜂蜜などの商品が輸送されたかもしれない。

稲は籾の状態で運搬すれば効率がよい。この場合、麻袋や竹籠では水に弱い。つまり雨などで濡れると商品価値が下がってしまう。壺を用いれば雨中でも問題なく運搬でき、運び入れた先で他の用途に使われることもあるだろう。また逆に購買力のある奈良盆地には液状の商品などを入れた土器が搬入され、その破片が巻向遺跡などから出土する。これが他地域で生産された土器が各地で出土する理由ではないだろうか。

最後に経済と政治の関係を考えたい。近現代的国家観によれば、経済的に発展した国は政治的にも軍事的にも強国といえる。古代でもこの図式が当てはまるだろうか。

『記紀』は建前として「神武天皇」が大和一国を征服し、「崇神天皇」が四道将軍を派遣して全国的に支配を拡げたとしている。この話には無理がある。

部族社会の古代において、大和川流域の全部族を、日向から来た「神武天皇」一行が傘下に加えることはできないだろう。せいぜい奈良盆地の一角に居を構える程度であろう。部族連合体となっている大和地方において、外征を軽々に行える状況にはなかったと思える。

古墳時代になると、経済力の多くは古墳建設に費やされる。これは倭国全体に起きたことだが、富の再配分が行われたといえる。現代人は近代のアジアのプランテーションやアメリカ黒人奴隷の強制労働を連想しがちだが、古代での集団労働は対価を支払う合理的な方式だった。

古代エジプトのピラミッド建設においても、パン工房を造り労働者に分配することが、最近発見されたパピルスの解読により明らかとなった。同じように日本の古墳時代には、部族の首長が一元管理する生産物（主に米）を古墳建設に従事する労働者に対価として再配分するシステムがあったと考えられる。対価以上の過重労働は労働者の反抗や逃散の温床となるだろう。

古墳時代、奈良盆地に造られた古墳は非常に多い。このことは経済力の多くは古墳建設に充てられ、一般民衆は労働対価を受け取ることにより生活は安定する。他方軍事費に割く割合は低下し、戦争が起きにくい平和的状況にある。

この状況を打ち破ったのが「継体天皇」である。「神武天皇」から続く天皇家の傍流が、皇統を継ぐことにより起きた出来事が、「磐井の乱」と歴史年表に記された対九州戦争と考えられる。この問題の本質はすでに第六話で取り上げた。

図４　弥生時代の奈良盆地

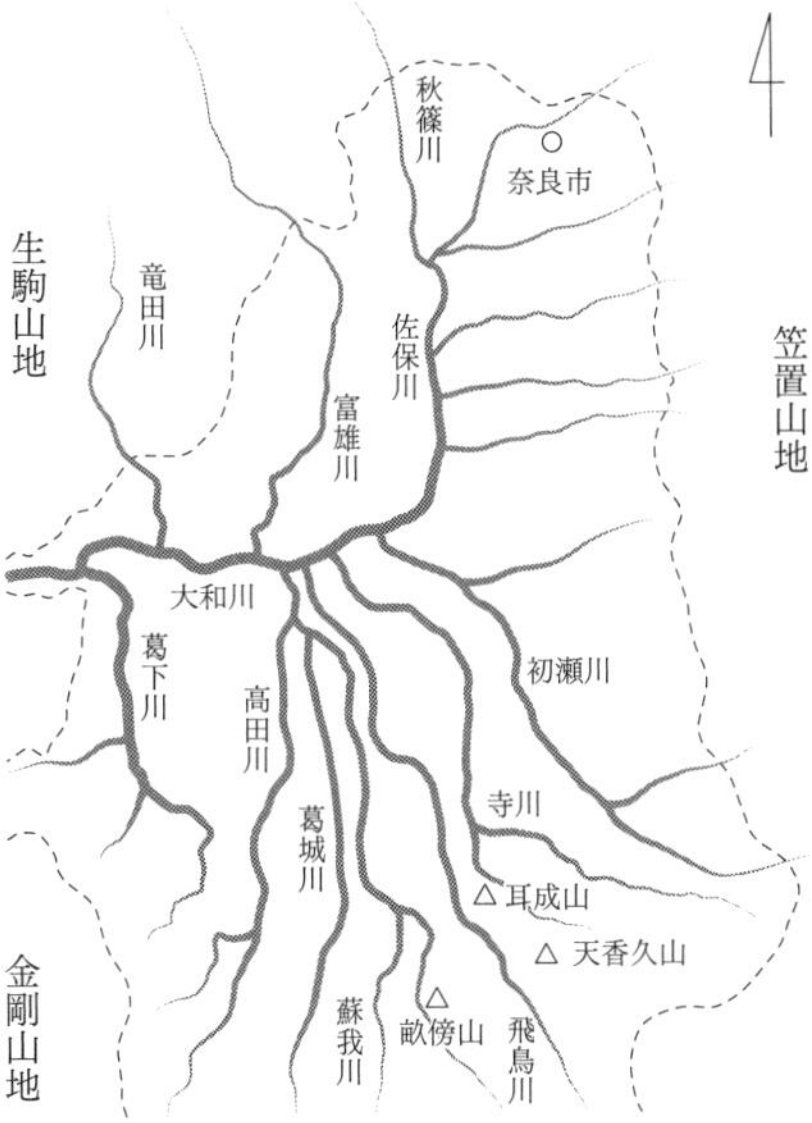

第一六話　木を見ず、森も見ず

「木を見て、森を見ず。」とは細かい部分にとらわれて、大局を見失う意味の俚諺《りげん》である。古代史においても些末な事柄にとらわれて「森」を見ず、歴史の大きな流れを曲解する場合がある。さらに「木」さえ見ず、「枝葉」に注目して「森」を無理に想像する例もある。ここでは何が些末で何が大局かを考えさせる三つの例について論じたい。

一例目は一五話で述べた土器および土器片に関する考え方である。弥生時代の集落遺跡や古墳から出土する土器片は実に詳細に調べられている。製造された年代や地域の特定、粘土の性状、焼成温度など科学的調査により多くの知見が得られている。

その結果、大和地域の遺跡には尾張（愛知県）や筑紫（福岡県）など各地で作られた土器や土器片が出土し、また大和で作られた土器が九州や朝鮮半島で見つけられた。しかしこれらの考古学的発見は「枝葉」の部分である。「枝葉」の知識を基に「森」

を見ようとしたため、各地の土器が集まり、大和で作られた土器が遠方に運ばれたことは、大和地域に倭国の権力中枢があったとの結論へと導いた。

　この「枝葉」からの考えは「木」を考察することにより、再考されるべきだろう。ここでの「木」とは土器の移動理由である。なぜ生産地から離れた場所で土器片が出土するのだろうか。まず商品としての土器はありうるだろうか。東アジアには一万年を超える土器文化があり、日本列島にも縄文土器、弥生土器の文化が続いた。倭国においても粘土を成形して焼けば土器が入手できる知識は一般的なものだったと考えられる。このような文化圏において、土器の商品化は考えにくい。自作できる土器を食料などの貴重な生活財と交換することはないだろう。

　第一五話で論じたように、土器は運搬道具として商人により各地を移動したとの考え方が合理的だ。酒、油脂、蜂蜜などの液体容器として土器は不可欠だろう。また水に濡れないように、米などの粉粒物も入れて運んだかもしれない。

　このように土器が運搬道具として各地を移動したとする「木」を見ることにより、「森」を考察することができる。すなわち各地で生産された土器が多く出土する大和地域が、商人にとって魅力的な購買力があり各地の商品を持ち込む消費地だと理解できる。また文明度の高い地の商品を欲する気持ちを持つ文明に憧れている地とも言える。

二例目は大和地域における漢字利用の後進性である。「枝葉」の字義や人名、地名の類似性などにこだわり、「木」となる問題点を看過している。注目すべき点は以下の三点である。

①『記紀』の中の歌がすべて一音ごとの表音漢字で記載。

②『記紀』の中に表意漢字で書かれた語に訓読みの注（訓注）を一音一字で記載。

③皇統図に多く見られる、字義とは異なる「王」の変則的使用法。

注目点①について、歌の場合に一音に表音漢字を一つ宛てることにより歌の気持ちがより伝わるから表意漢字を用いなかったのだろう。『古事記』序文で太安万呂も「文章を書く場合、漢字では難解になり、訓読みでは真意が伝わりにくく、表音記号として漢字を用いると文章が長くなる。」と記している。一音一字で倭語を文章化すると長文になる欠点はあるが、一番理解しやすいと言っているのだ。

注目点②の訓注について第四話で神代巻を書く際に引用した漢文調の歴史書が一〇種類以上あり、九州を地元とする神話であると論じた。漢文は太安万呂も述べているように、難解で訓注を必要とする。神代巻は「神武天皇」以降の記述に比べ、訓注の数は圧倒的に多い。大和地域の住人には難解な漢文で書かれた書物だったのだろう。

『記紀』の約四〇年後に撰上された『万葉集』には訓注はまったくない。この間に漢字の理解が飛躍的に向上したと言える。その理由は仏教の普及に関係すると考えられる。仏典や解説書を読む必要性によるのだろう。漢字利用についての詳細は第二〇話で論じる。

注目点③の「王」の本来の意味とはまったく違う変則的用法については第二三話で詳細に論じているが、ここでの本旨は次のことである。つまり天皇の子供の中で皇位継承権のない者に「王」の尊称を与えたため、本来の国王の意味とは違う「王」が多数存在することとなった。この状況で問題視したいことがある。

「倭王武」は南宋順帝より「安東大将軍・倭王」に除正された。この武が「雄略天皇」だと当然のように考えられているが、「雄略天皇」が「倭王」となった時に、多勢いる「王」の称号を持つ者達をどうすべきだろうか。当然「王」を「倭王」一人とし、他の「王」は別の称号に変えるのではないか。実際にそのようなことが起きなかったということは、「雄略天皇」が「倭王」ではなかったことになるだろう。

大和地域において漢字の利用が遅れている証拠を示したが、これらの証拠を「木」と見て「森」を考えたい。文字活用が遅れた地域の状況を想像したい。成文化した法律を作ることは出来ない。冠位、官職の整備は到底無理だ。土地所有の台帳が作れないので、租税の徴収とその記録も不可能となる。このような大和地域の権力者が倭国全体を支配する機構や方法が想像できない。これが漢字利用の後進地と考えられる大和地域という「木」から見た「森」の現実である。

次に「森」を見ない三例目を示そう。注目点は「阿毎（天）氏」である。『隋書』に「開皇二十年、倭王在り。姓は阿毎、字は多利思比孤、阿輩雞彌と号す。」と記されている。推理小説マニア達は、自分の手持ちの情報すなわち『記紀』の中に対象者を求め、聖徳太子に辿り着いた。なんの確証もなく『記紀』の中に求める人物がいると信じて得た杜撰な結論だが、驚くことにこれが定説になっている。

「姓は阿毎」と聖徳太子にどのような関係があるのかについて論じられることはなかった。「阿毎」とは「天」を中国人に「アマ」と読ませるために用いた表記だろう。「天」では「テン」と読まれるからだ。『旧唐書』にも倭王の「姓は阿毎」と記されている（表5・74ページ）。

では「大和天皇家」は「天氏」をどう捉えていたのだろう。「神武天皇」（初代）から「舒明天皇」（三四代）まで「天」の付く倭名はまったくない（第三話、表3－2・46ページ）。「皇極天皇」（三五代）の名に初めて「天」が付き、「天武天皇」（四〇代）まで続いた。なぜ突然「天」を名に付けたのだろうか。

「阿毎多利思比孤」を聖徳太子と認定した推理小説マニア達は、その結論に満足して思考を停止した。しかし「阿毎（天）氏」こそが「森」を見るための「木」であり、これを看過したことにより「森」を論じることが出来なかった。

『日本書紀』に華々しく記載された「遣隋使」が中国史書『隋書』にまったく無視されている事実、そして「遣唐使」も長安三年（西暦７０３年）七回目になってようやく『旧唐書』に記載されたことを認識すべきだろう（表５）。中国史書に載らない遣使についてただ書かれなかっただけと言い訳するより、公式の国使でなかったから中国側に記録が残らなかったと考える方が合理的だろう。

この間に天皇家は名前に「天」を付け、倭王「阿毎（天）氏」の系統を継ぐものとしての体裁を整えた。それにより長安三年の遣唐使は国使として認められ『旧唐書』に載せられた。「阿毎（天）氏」という「木」を『記紀』と中国史書の両面から総合的に考察することにより、天皇家の屈辱的な外交史の「森」を展望できたのではないだろうか。

「森」を見るために「木」の情報の積み上げが大切である。しかし「木」さえ見ずに「枝葉」にこだわり「森」を想像すると迷路に入り込む。「枝葉」、「木」の認識を持つことにより、「森」という大きな歴史の流れを解明出来るのではないだろうか。

言葉・文字の章

第一七話　「毛野」国と難読旧国名

「忠臣蔵」の吉良上野介を「キラコウズケノスケ」と読める世代が減っている。「上野」、「下野」をコウズケ、シモツケと読む経緯は歴史を遡らなければ理解できない。他にも難読の旧国名はいくつか見られる。ここでは「上野」「下野」の他に「近江」「遠江」、「陸奥」「常陸」、「相模」「武蔵」について考えたい。

①上野、下野

上野（コウズケ）、下野（シモツケ）の旧国名は『古事記』には現れないが、『日本書紀』では二通りの表記がある（表10・176ページ）。

上野　上毛野（カミツケヌ　群馬県）
下野　下毛野（シモツケヌ　栃木県）

このように併記すると、発音、漢字表記の変化が意外と簡単に解ける。分国前は

「毛野《けぬ》」国が存在し二分されて上毛野と下毛野となった。奈良朝において国名が漢字二文字に統一された時、「毛」を除き上野、下野で表記することになった。

読みは「カミツケヌノクニ」「シモツケヌノクニ」と表音されるが、「ヌノ」の読みづらさから「ヌ」が省かれ、さらに「カミツケ」を言いやすく「コウズケ」に変化させたと考えられる。上野、下野の祖と言える「毛野国」は、倭王が征伐した毛人の国五五国の盟主と考えて良いのだろうか。その点を考察したい。

まず「毛野国」は大河利根川の支流が数多くある山深い地形の国である。似た地域に奈良盆地がある。このような地形では扇状地が多く形成され、農耕民が定着するうってつけの場所である。耕作地の密度の高い地域が当然人口の増加や政治的な権力の集中を引き起こすことを歴史は示している。その表れが古墳の多さである。毛野国を中心に関東一円に分布する古墳の数は近畿地方に匹敵する。

「第一〇話」で述べたように、経済力、人手、技術を兼ね備えた地方豪族であれば、誰もが古墳を造ることができる時代であった。関東地方全域に広がる古墳の分布状況は、群雄割拠の縮図を見るようである。これが「倭王武」の上表文に示された毛人の国五五国の実体かもしれないが、毛野国がその盟主である考古学的証拠は見つかっていない。古墳の密度や大きさで単純に政治的権力の集中に結びつける危険性を「第一〇話」で述べた。

直接的証拠がないので、文献による傍証を求めざるを得ない。『記紀』に「崇神天皇」(一〇代)の長子「豊木入日子命」が上毛野君、下毛野君の祖とある。「君」とは君主のことで、地方豪族がその国を治めていることを意味する。『古事記』では東国の「君」はこの二国以外はでてこない。

「第一話」で述べたように、『記紀』には豪族の出自を天皇家に系列化する意図を強く感じさせる。「上毛野君」と「下毛野君」が「崇神天皇」の長子に繋がることは厚遇と言って良い。「崇神天皇」は「初国知らしし御真木天皇」と称えられ、「神武天皇」と並んで建国の祖に位置付けられているからである。

さらに「垂仁天皇(一一代)紀」、「応神天皇(一五代)紀」、「仁徳天皇(一六代)紀」、「安閑天皇(二七代)紀」、「舒明天皇(三四代)紀」、「天武天皇(四〇代)紀」と代々続いて、「上毛野君」が登場する。この出現頻度は他に例がないほど多い(表10)。「大和天皇家」にとって「上毛野君」がいかに重要な存在であるかを示している。

また天武天皇紀まで「君」の称号を用いたことは、飛鳥時代まで上毛野国の独立性とその国主としての公認を意味すると考えて良いと思う。その傍証として『旧唐書』の日本を示す「西界南界はみな大海に至り、東界北界は大山有りて限りを為し、山外は即ち毛人の国なりと」を挙げたい。ここでの毛人を蝦夷やアイヌとする説もあるが、国と記していることを考えると「毛奴《けぬ》（毛野）国」であろう。西日本を念頭に置くと、西と南は東シナ海や太平洋に面して大陸や朝鮮半島と隔てられている。他方東や北への道は、中部山岳地帯という山脈群が連なり、行く手を遮られている。『旧唐書』の表現通り、大和朝廷の勢力圏外にある独立国の主人が上毛野君となる。

ここで大きな疑問が生じる。『記紀』には上下に分割される前の「毛野国」の表記が全くないことである。『記紀』編纂時に集められた資料の中に「毛野国」の情報はなかったのだろう。いつ、誰が「毛野国」を上下に分割したのか。大和政権の分割方式は前（中）後であり、上下の分国を施行した記録はない。

「倭の五王」が西日本の盟主であった時代（五世紀）に東国の毛人五五国の盟主が毛野国王とすれば、倭国も「毛野国」を国と認めず、情報の少ない未開地と理解していたと思われる。したがって「毛野国」の上下分割には西日本の関与はないと言ってよい。すなわち東国の歴史情報が西日本において入手される以前の出来事であろう。

二つの分国方式（上下と前後）の意味合いを考察することにより、毛野国の様相の一端を理解したい。両者の違いは分割の基準点にあるのではないか。前後に分割する場合、基準点は分けられるモノの外にあることが多い。行列を考えると最前列のさらに前に目的とするモノがあり、それを基準に前後が判断される。吉備国の分割では、基準点となる大和政権に近い方から備前、備中、備後の三国が定められた。

　他方上下による分割は、地形、身分、重要度などの高低によって決まり、基準点は内包されていると考えて良い。典型的な例が川である。標高により川上、川下が判断される。他に京都の上京、下京も同様である。この考え方からすれば、毛野国は内部の事情により分国したと推測できる。単に行政上の都合によるのか、王家の継承問題や内紛によるのかは想像の域を出ない。関東地方にはもう一つ上下分国の例がある。「上総《かずさ》」、「下総《しもうさ》」（主に千葉県）である。これも「総《ふさ》」（フサ）国が上下に分割されている。さらに「上総」に接した「安房」国の「房」もフサと読めることを関係づけると、「総」国が三つに分かれたのかもしれない。ここでは前後分国方式を採用した大和政権とは異なる文化、すなわち国を上下に分ける文化的意識を関東地方の住民が持っていたのだろう。

　では「毛野国」はいつ大和政権の支配を受け入れたのだろうか。これは東北地方の攻略に関係していると思われる。七世紀中頃、日本海側の越後（新潟県）北部から侵略したが、白村江の敗戦により中断があった。八世紀初頭、出羽南部（山形県）に出羽柵を置き、出羽国を設けた（西暦７１２年）。ところが陸奥南端の岩背、岩城（福島県）の攻略は遅れ、多賀城の設置は724年であった。この侵攻には関東の豪族（上毛野君）の協力が不可欠であろう。出羽の攻略や北九州の防人の動員兵力を目の当たりにした上毛野君は、大和政権に従わざるを得なくなったと推測される。

奈良時代に国名を漢字二字にするために、「毛」の字を除いて、「上野」「下野」とした。一般的には「毛」が卑字となるための処置と考えられている。はたしてそうだろうか。現代においても群馬、栃木両県を繋ぐ鉄道を「両毛線」と呼び、群馬県の小学生は県の誇れるものを詠んだ「上毛かるた」を習い、成人になっても諳んじることができる。現在になっても「毛」を忌避するどころか、誇りをもって用いている。これは古代以後も「毛野国」を尊んでいた結果のように受け取れる。「カミツケ」から「野」を除く方が読み間違いは少ない。大和政権があえて「毛」を削除したことに政治意図を感じる。「毛」の国の文化に誇りを持つ征服地に対して、その国独自の民族意識を減じ、「大和」への同化を促す政策と考えられないだろうか。

②近江、遠江

『古事記』では近江は「淡海《あふみ》」「近つ淡海」、また遠江は「遠海《とおつあふみ》」と書かれている（表10）。『日本書紀』での表記はほとんど「近江」「遠江」である。淡海とは淡水湖の意であり琵琶湖がそうであり、浜名湖も古代には太平洋と切り離された淡水湖と考えられている。都に近く大きな淡水湖がある滋賀県が「近淡海」、遠い浜名湖周辺が「遠淡海」と区別されていた。

しかし近江に関して『古事記』での使用頻度は圧倒的に「淡海」の方が「近淡海」より多い。これは浜名湖が発見され区別される以前に、すでに琵琶湖周辺を「淡海」の国と呼び慣れていたと考えられる。したがって「近淡海」と表記しても「アフミ」と読み、「遠淡海」は読み易く「トオトフミ」と読むようになったのではないか。

国名を漢字二文字に統一する際「淡海」を「江」に置き換えた結果、「近江」＝オウミ、「遠江」＝トウトウミとなったのだが、なぜ「江」の字が選ばれたかは想像の域を出ない。

③陸奥、常陸

東北地方の青森、岩手、宮城、福島の四県を「陸奥」、茨城県を「常陸」と呼ぶ。「陸」繋がりで一くくりとしたが、「陸」を「道」に置き換えると理解しやすい。神武天皇記において「道奥の石城の国造」「常道の仲の国造」の表記がある（表10）。「東北地方」を「ミチノク」とも言うが「道の奥」と書けば納得できる。古代には道が途切れたさらに向こうの奥の国と見なされていたのだろう。七世紀後半から出羽国、陸奥国の討伐が始まり、八世紀前半に東北南部に統治拠点が設けられた。つまり古代人にとって「ミチノオク」は未知の領域だった。

ではなぜ「陸奥《みちのおく》」を「ムツ」と呼ぶようになったのか。冗談半分の考えとして東北訛り（東北弁）のせいではなかろうか。寒冷地の人は寒さのため口を大きく開けて話すことをしない。口を閉じ気味に「ミチノオク」と発音すると「ムツノク」と聞こえる。これが「陸奥」を「ムツノクニ」と読ませる理由とすることに同意する人はいないだろうか。

「常陸」は「常道《ひたみち》」と置き換えられる。では「常」と「ヒタ」の関係や意味はどのように考えれば良いのか。読みでは「常足の馬」のように「常」を「ヒタ」と読む例がある。したがって「常陸（道）」をヒタチ（ヒタミチの変化）と読むことに問題はない。

意味については古代の道の事情を想起したい。人が多くて交易、移動の盛んな地域では、人々が踏み固めた跡に道ができる。しかし人が通らなくなった所は一年で雑草がはびこり樹木の枝が伸びて道の痕跡はなくなる。では「常陸」と表された「常にある道」とは何か。千葉県の銚子の岬から北を見れば、湾曲した海岸が遥か彼方に遠望できる。波に洗われる海岸線の砂浜や岩場はいつでも通ることができる道ではなかったか。古代は現在の砂州の堆積状態とは異なるだろうが、古い由来のある鹿島神宮（茨城県）付近は人が集落を形成することができる標高があったと考えられる。ここから北への海岸線沿いの道はまさに「常陸（道）」（いつも通れる道）だったのではないだろうか。

④相模、武蔵

この二国について資料から論理的に「サガミ」、「ムサシ」と読むことができる理由は見いだせない。一つのアイデアとして語呂合わせと言われるかもしれないアプローチがある。

太古、相模湾から秩父に広がる地域に「ムサ」の国があったと考える。漢字表記すると「ム」には武、牟、模、胸が、「サ」には邪、相、蔵、狭等が宛てられただろう。広すぎる領土を二分割した時、「ムサガミ」「ムサシモ」の上下に分かれた。それぞれの読みから一音抜けば「(ム) サガミ」「ムサシ (モ)」になって現在に至る読みとなる。

漢字を考える場合「ムサシ」は「武蔵下」の「下」を除いたと考えればわかり易い。

「サガミ」の場合「模相上」と宛てても「相模」とはならない。「上」を除いた上に摸と相を入れ替えるとするのはいささか強引すぎる。「武相賀美」（ムサガミ）の武と賀を除き、美＝摸とすれば「相模」となるが釈然としない。しかも「上・下」を国名の後ろに付ける方法は「毛野」国や「総」国の上下分国のそれと異なる。この変化の痕跡がほとんどないことから、さらに古い時代の用法かもしれない。

この項目の初めに語呂合わせの考えと述べたが、説得力のある推理とは言い難い結論である。しかしあり得ないと断定して棄却してほしくはない。

表10　上野・下野、近江・遠江、陸奥・常陸、相模・武蔵の出現頻度

		古事記	日本書紀
	神代	先邪志国造、茨木国造	武蔵国造、茨木国造
		道尻(陸奥)、近淡海	
1	神武	道奥石城国造、常道仲国造	
5	孝昭	近淡海国造	
8	孝元	淡海臣	
9	開化	近淡海(3)	
10	崇神	上毛野、上毛野君	上毛野君、下毛野君
11	垂仁	近淡海国造	近江国、上毛野君
12	景行	相模国、相模、近淡海(2)、淡海	相模、上総(3)、常陸、陸奥国 武蔵、上野(2)、近江(2)
14	仲哀	淡海(2)	
15	応神	近淡海、道後(ミチシリ)	近江国、上毛野君
16	仁徳		近江(2)、上毛野君、遠江国
19	允恭		近江
20	安康	淡海	
21	雄略		近江国(2)、武蔵国
23	顕宗	淡海(2)	近江国(3)
25	武烈	近淡海国	
26	継体		近江国(2)
27	安閑		上毛野君(2)、上総国
29	欽明		近江
32	崇峻		近江臣
33	推古		上野、上野国(2)、近江(2)
34	舒明		上毛野君
35	皇極		遠江、近江(2)
36	孝徳		近江
37	斉明		近江国、上毛野君
38	天智		上毛野君、近江(3)、近江国(3)、常陸国
40	天武		近江(17)、上毛野君(2)、陸奥国、武蔵国
41	持統		下毛野(4)、陸奥国、常陸国、近江(2) 遠江、相模国司(　)

第一八話　大和をヤマトと読む経緯と摂河泉

大和をなぜヤマトと読むのか。文字を考えるだけでは絶対無理だ。もともと両者は別物であり、歴史の中で結びついた宛字と考えるべきである。一説によると「邪馬台」が転じヤマトとなったとする論者もいるが、これは歴史学者の悪癖を絵に描いたような珍説である。『記紀』には一度も出現しない邪馬台がどうして大和地方の地名になり得るのか。これは邪馬台国＝大和説を主張したい歴史学者の為にする説にすぎない。

古代の地名は地形に基づくものが多い。ヤマトは漢字表記すれば「山門」または「山戸」であることは奈良盆地の地形から想像できる。この地に立つと周囲はすべて山であり、大和川が唯一この盆地から西に流れ出ている。この出口を門または戸と見なせば、ヤマトに対する適切な表現だと思える。地形に由来する「山門」は各地に存在する。

次に漢字の「大和」について考察したい。手掛かりは雑然としたデータバンクとしての『記紀』である（表11・187ページ）。この二つの史書にはヤマトの漢字表記の用法に大きな差異が見られる。天皇名に修飾されたものも含めヤマトの使用例を表にすると以下のようになる。

	奈良地方	支配領域
古事記	基本形→倭（ヤマト） 例外　→夜麻登（ヤマト※人名）	基本形→大倭（オオヤマト） 例外　→日本（ヤマト）
日本書紀	基本形→倭（ヤマト） 例外　→大倭（オオヤマト） 日本（ヤマト）	基本形→日本（ヤマト） 例外　→大倭（オオヤマト） 大日本（オオヤマト）

ヤマトの漢字表記は①夜麻登 ②倭 ③大倭 ④日本の四方式が『記紀』に見られる。「夜麻登」に示されるように元々この地が「ヤマト」と発音されていたことは明らかである。

ではヤマトがどうして倭、大倭、日本と表記されるに至ったのか。最も妥当な推測は、この地が「倭」人に征服支配されたからであろう。「第一話」で「大和天皇家」

の始祖「神武天皇」が九州日向から移り奈良盆地に定住したことを史実と見なし、これを起点として『記紀』を読み解くことを提案した。

この考えに立てば、「神武天皇」もしくは以後続く「大和天皇家」がある時点で「倭」の文字をヤマト地方に持ち込んだはずだ。支配層（天皇家）の「倭」人と在地の「ヤマト」民が併存することになる。統治を円滑に進めるために「倭」と書いて「ヤマト」と呼称したと推測できる。それが『記紀』に記された「倭」＝「ヤマト」の図式だろう。

さらに「大和天皇家」が奈良地方外に勢力を拡げた時、その範囲全体を「大倭（オオヤマト）」と称したと考えられる。ただ「大和天皇家」に支配された河内、摂津、山城などの住民にとってはそれぞれ元の地名、国名があり、「大倭」とは「大和天皇家」が根拠地を置く奈良地方を指すものと理解したのではないか。つまり「倭」＝「大倭」とする用法の変化が「大和天皇家」を含む広い領域に普及したと推測できる。「雄略天皇紀」に一例現れる「大倭国造」はヤマト（奈良県）の国造であり、用法変化の例証である。

ここに注目すべき点がある。『記紀』編纂時点で「日本」を使用しているが、「大和」の記載が一例もないことである。「大和」という表記は「日本」より後代に作られたと見なして良いだろう。

中国の史書『旧唐書』（一〇世紀成立）では「倭国」と「日本」が併記され、それ以前はすべて「倭国」、以後は「日本」となっている。『旧唐書』には「日本国」登場の具体的理由が述べられている（引用資料一八－一）。「日本国は倭国の別種である。その国は日の辺にあるから日本とした。他説では倭国自身その名が雅でない故改めた。また他説では元々小国であったが倭国の地を併合した。」

この内容は今までこの随筆で論じてきた「大和天皇家」の出自や発展と矛盾することはない。奈良地方は倭国（北九州）より東つまり日の出の早い地にあり、出自が九州だとする「大和天皇家」が古墳時代の終末には日本全体の盟主となっていたとする見解と一致する。

『旧唐書』の前述引用文の直前には「倭国」が貞観二二年（西暦６４８年）に「表を奉じる」旨が記され、後段では長安三年（７０３年）「日本国」の朝貢記事がある。この時期に大和朝廷が国名を「日本」とした可能性が高く、『日本書紀』の表記も日本＝オオヤマトを基本としている。

いよいよ「大和」に話を進めることにする。再び中国の史書を参考にしよう。『新唐書』東夷伝日本の条（一一世紀中葉成立）では、「日本は古の倭奴なり」の書き出しで始まる。そこに「神武天皇」が「大和州を治む（徒治大和州）」と記されている（引用資料一八－二）。「ヤマト」の読みを中国側の表音漢字に変換していないので、日本側の表記をそのまま引用したと考えられる。

『日本書紀』成立（西暦720年）以前には「倭」、「大倭」と記されていた「ヤマト」は遣唐使により奉じられた文書には「大和」となっていた。「倭」を「和」に置き換えたことになる。『旧唐書』にあるように「倭国自身その名が雅でない」と考えた。「倭」は卑字である。ところが「和」は聖徳太子が「和を以て尊しとなす。」と定めたように、貴字と見なせる。「雅ならざる」ことを理由に「大倭＝ヤマト」を「大和＝ヤマト」に変えたとの説は、歴史的背景や日中の歴史資料等から支持されるだろう。

『古事記』の「神代」に一ヶ所「倭に上らん」との記載がある。『日本書紀』の同じ箇所では、日本語表記の原則に基づき、「日本国」と書かれている。ほとんどの解説書が「倭」を「大和（奈良県）」に対応させている。『日本書紀』に出てくる「御諸山」は三輪山にあたるとしている。

これらの解釈は明らかにおかしい。「上る」の表現は都（中心地）へ行くことを意味する。「神代」は「神武天皇」が大和に建国する以前の時代である。その時代に日本の中心が大和にあったと考えることは、文献学、考古学のどちらからも支持されないだろう。

『記紀』に示された中心地は高天原であり、中国史書の示すところは北九州と思われる。考古学的にも、弥生時代の先進地は北九州である。したがって「倭に上らん」に示される行為は北九州に行くことであり、この「倭」は中国史書に記された「倭国」に他ならない。『記紀』編纂時のデータバンクには、中国史書や九州の国々の歴史情報が含まれていたことは明らかだ。

次に摂河泉を話題にしたい。摂津《せっつ》、河内《かわち》、和泉《いずみ》の三国を「摂河泉」と総称するが、この三国の成り立ちを考えたい。三国がそろうのは意外に遅い。「和泉」国は八世紀中葉に河内から分離して設置された。また「摂津」国は「雄略天皇（二一代）紀」に出現するまで、難波津、住吉津、津国《つのくに》等の現大阪市域の地名が用いられていた（表11）。「河内」国は「神武記」より登場し、地形に由来する地名として古くから用いられたと考えられる。大阪平野は淀川と大和川の二本の大河により運ばれた堆積土砂により形成された地形である。現在大和川は西に流れて大阪湾に至るが、江戸期以前には大阪平野を北上し淀川に合流していた。二川近傍の地域を「河内」と呼ぶのに不思議はない。

ところが「神代記」に「凡河内国造」、「雄略天皇紀」、「安閑天皇（二七代）紀」、「天武天皇（四〇代）紀」に「凡（大）河内直」の記述がある（表11）。「河内」をさらに拡大した地域を示す国名、役職名と考えられる。「和泉」は前述したように後代に「河内」国から分国したことがわかっているので、「凡河内」国は大きく「河内」国と「摂津」国を合わせた地域を示していたのではないだろうか。

大阪北部を北摂と呼び摂津市も存在するので、「摂津」という地名は関西では慣れ親しんでいる。ここで注目したいことは「摂津」以外の六十余州の旧国名は音読みか訓読みであり、それらがほぼ半々に分かれていることだ。「丹波」、「伊勢」、「加賀」などは音読み、「出雲」、「河内」、「尾張」などは訓読みの例である。「摂津」のみが唯一独自の特徴、重箱読みである。「摂」は音読み、「津」は訓読みなのだ（表12・188ページ）。「摂」の意は「採る」、「取り込む」、「代わって執り行う」の、「津」は港、船着き場の意である。ここでの「津」は『記紀』に頻出する「難波津」、「住吉津」「津国」（現在の大阪市域）のことであろう。したがって「摂津」とは「津を摂り込んで」作った国となる。大宝律令に「摂津職」という官が規定され、元々津（港）を監督する役所があり、これが国名になったとする説がある。常識的に考えて、官職名が国名になるのでなく、逆に国名に由来する職制が定められたのだろう。

では「津を摂り込んだ」地域とはどのような状況であったのか。豪族の支配領域や行政区分を考慮する場合、地形、特に山脈や大河が重要になる。六甲山系の北側や淀川の北岸一帯はなだらかな丘陵地が多く、人の交通を妨げる急峻な山脈や大河がない。また大豪族が地域全体を支配した様子もなかった。

このような特徴を持つ地形領域を行政区分として線引きするには困難がつきまとう。同様の困惑が明治維新での廃藩置県の混乱に表れている。似た地形をより大規模にしたのが関東平野である。西は武蔵野から東は房総半島に至る大丘陵地帯は江戸期以前は東京湾に注いでいた利根川以外に地形を分ける手掛かりに乏しい。したがって廃藩置県の際に起きた混乱も関東全体に及んだ。近畿地方においても、摂津と丹波は分断されて、京都府、大阪府、兵庫県に帰属することになった。

山脈や大河のない広大な丘陵地帯が行政区分に苦慮することは理解できる。しかし「凡河内」国が「河内」国と「摂津」国に分割された時、淀川南岸にある「津国」が北岸地域に組み込まれたことには不自然さを感じざるを得ない（図5・186ページ）。「津国」のある上町台地は古くから住吉大社があり、後に難波宮や大阪城が建てられる高台の地形である。北端は後に神崎川となる海峡に遮られるが、南には遠く和泉山脈まで交通の妨げになる障害はない。大河が国境となって分国されたなら当然の成り行きだろうが、川の北岸地域と南岸の津国との合併には人為的、政策的意図を感じさせる。そこには行政的バランスがあったのかもしれない。後に「和泉」国を分割する「河内」国は淀川北岸地域に比べて人的、経済的に優勢であったのだろう。南河内には巨大古墳を造る財力や労働力があったのだから。したがって「津国」を北岸地域に組み込む政治的判断がなされたのではないか。その結果「津国を摂り込んで」作った国の意味から「摂津」と命名したように思える。

ではいつ誰が「摂津」国を行政区分に組み入れたのだろうか。前述したように大河をはさんで国を成立させた判断はその地域の人的、経済的状況の把握に基づくと考えられるので、遠隔地からの指示ではないだろう。また「津」を「摂する」と漢文調に国名を作るには、表意文字としての漢字を理解していたことになる。これらを考慮すれば、この区分の当事者は「大和王朝」の後に続く「大和政権」だと推測できる。

最後に「和泉」について考えたい。地名の由来に泉が多く出る土地だったことからだとする説もあるが、それはこの土地特有のものでなく、山裾から泉がわく地形は各地にみられる。したがって地形由来でなく、歴史的な意味が含まれていると思われる。「和泉」の「和」は何なのか。イズミと読むと「和」は余分である。律令体制下で国名を二文字とした時、なぜ「和」の字を加えて「イズミ」と読ませたのだろう。前述

図5　摂津の行政区分

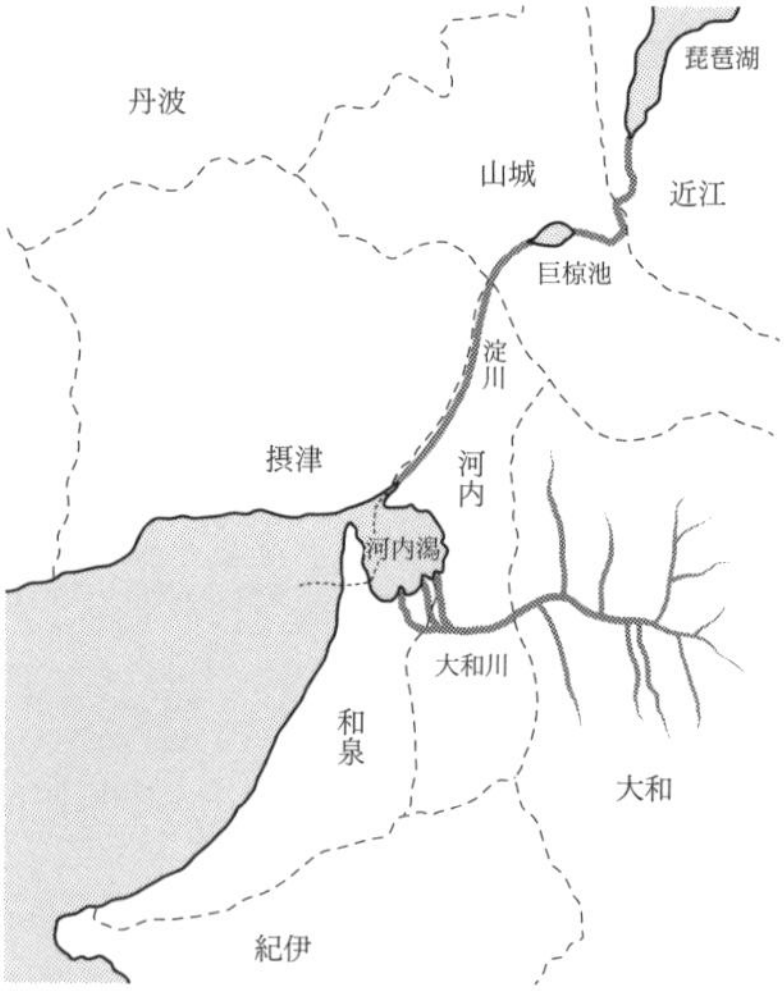

した「大和」と同例と考えると、「和」は「倭」だろう。元々この地は「ワイスミ」と呼ばれていたのではないか。和泉国の北端に接する地に、住吉、住之江と呼ばれる地があった。

この「住」の字が、「神武天皇」が奈良盆地に定住した後さらに大阪湾沿岸に入植地を拡げた結果、倭人の住む土地として「ワスミ」と呼ばれることになったとするのは、想像を膨らませすぎだろうか。「和泉」をイズミと読む由来が、「和」が「倭」である可能性と、近くにある住吉、住之江の地名との関係性だけで説明することに無理はあるが、楽しい連想ゲームである。

表 11　大和、摂河泉の出現頻度

		古　事　記	日　本　書　紀
	神代	凡河内国造、倭(4)	
1	神武		倭、倭国(2)、日本、難波埼、浪速国
10	崇神		倭(2)、倭国(2)、河内
11	垂仁	倭(2)	日本国(2)、倭直(2)、大倭直、倭、河内
12	景行	倭(2)、河内	倭(4)、倭国、難波、河内
13	成務		倭国山辺
14	仲哀	墨江、難波、倭	倭(2)
	神功		日本国、日本(2)、倭(2)、河内、津守
15	応神	難波津、川内(河内)	日本国、津国
16	仁徳	難波(4)、墨江(2)、倭(2)、日本	倭(2)、倭直、難波(2)、難波津、河内
17	履中	墨江、難波、倭(4)	倭(2)、倭直、河内国、住吉邑
18	反正		河内
19	允恭	河内	倭、河内、難波津
21	雄略	河内(2)、倭(3)	倭(3)、大倭(2)、日本(6)、凡河内直 河内国、住吉津、摂津国
22	清寧		河内、摂津
23	顕宗	倭	倭(2)、摂津国
24	仁賢		難波、大倭国
25	武烈		日本(2)、倭(2)
26	継体		日本国(8)、大日本、難波、委(ヤマト)
27	安閑	河内	大倭国、大河内直、難波(2)、河内(2)
28	宣化		河内国、大和国
29	欽明		倭(5)、日本府(15)、日本(13)、住吉 河内直(6)、河内(4)、難波(4)、摂津国
30	敏達	難波、川内	難波(3)
32	崇峻		難波、河内国司
33	推古		河内(4)、難波(5)、摂津国、日本(2)
34	舒明		難波、津国、難波津
35	皇極		難波(4)、河内、倭、大和
36	孝徳		津、難波(5)、倭国(4)、倭(2)、大倭、日本国
37	斉明		住吉、難波(4)、日本国、倭、大倭
38	天智		日本(3)、大日本国、倭(2)
40	天武		倭京(4)、倭(6)、倭直、大倭国、河内(5) 凡河内直、難波(6)、摂津(4)
41	持統		大倭(3)、日本、河内国(2)、摂津国 難波(2)、住吉(2)

表12　国名の音訓読み一覧表

訓読み

国名	読み	変化
陸奥	ムツ	ミチ（道） ←ミチノク
出羽	デワ	イデハ
上野	コウズケ	カミツケノ
下野	シモツケ	シモツケノ
上総	カズサ	カミフサ
下総	シモオサ	シモフサ
常陸	ヒタチ	ヒタミチ
越前	エチゼン	コシ（越）前
越中	エッチュウ	コシ（越）中
越後	エチゴ	コシ（越）後
三河	ミカワ	
尾張	オワリ	
遠江	トオトウミ	トオツアワウミ
近江	オウミ	（チカツ）アワウミ
若狭	ワカサ	
山城	ヤマシロ	
和泉	イズミ	
河内	カワチ	カワウチ
出雲	イズモ	イズグモ
石見	イワミ	
長門	ナガト	
淡路	アワジ	アワミチ
筑前	チクゼン	チク（筑紫）前
筑後	チクゴ	チク（筑紫）後
豊前	ブゼン	ブ（豊）前
豊後	ブンゴ	ブ（豊）後
肥前	ヒゼン	ヒ（火、肥）前
肥後	ヒゴ	ヒ（火、肥）後
日向	ヒュウガ	ヒムカ
大隅	オオスミ	
対馬	ツシマ	

重箱読み

国名	読み	変化
摂津	セッツ	セツ（摂） ＋ツ（津）

読み方不明

国名	読み	変化
大和	ヤマト	山門?、 大倭?
武蔵	ムサシ	ムサ＋ 下（シモ）?
相模	サガミ	ムサ＋ 上（カミ）?

音読み

国名	読み	変化
安房	アワ	アボウ
信濃	シナノ	シンノ
甲斐	カイ	コウヒ
伊豆	イズ	
駿河	スルガ	シュンガ
飛騨	ヒダ	ヒダン
美濃	ミノ	ミノウ
伊賀	イガ	
伊勢	イセ	
志摩	シマ	
紀伊	キイ	
加賀	カガ	
能登	ノト	
佐渡	サド	
丹波	タンバ	
丹後	タンゴ	
但馬	タジマ	タンマ
播磨	ハリマ	ハンマ
備前	ビゼン	キビ（吉備）前
備中	ビッチュウ	キビ（吉備）中
備後	ビンゴ	キビ（吉備）後
美作	ミマサカ	ビサク
因幡	イナバ	インバ
伯耆	ホウキ	ハクキ
隠岐	オキ	オンキ
安芸	アキ	アギ
周防	スオウ	スボウ
阿波	アワ	
讃岐	サヌキ	サンキ
伊予	イヨ	
土佐	トサ	
薩摩	サツマ	
壱岐	イキ	

第一九話　「中国」地方の中国とは

「中国」地方と言う呼び方について考えてみたい。アジア大陸に同名の国がある。むろんこの中国とは関係はない。大陸の中国は「中華」すなわち世界の中心を意味する。日本の古代史で言う「中国」は国の等級または遠近を示す用語である。「延喜式」によれば、国を「大国」「上国」「中国」「下国」の四つの等級に分類し、遠近により「近国」「中国」「遠国」に分けている（表13・198ページ）。この「延喜式」とは、平安時代中期に律令の詳細を規定した法典である。

実際問題として地域を表すのに等級で一まとめにすることは考えにくい。山陰道と山陽道のほとんどが「上国」であり、石見（島根県西部）と長門（山口県西部）が「中国」にすぎない。「延喜式」では畿内を中心に遠近を表し、伯耆（鳥取県西部）、出雲（島根県東部）、備中（岡山県の一部）、備後（広島県東部）の四ヶ国を「中国」としている。この国々より畿内に近い国は「近国」、遠い国は「遠国」に属している。

このような遠近に基づく分類が元にあって、時代が下るとともに現代のように山陰、山陽道を合わせた地域を「中国」と言うようになったのだろうか。

しかし日本列島は北東から南西に円弧状に細長く伸びている。したがって畿内より東の国々も遠近により分類されている。そのうち中国は遠江（静岡県西部）、駿河（静岡県東部）、伊豆（静岡県の一部）、甲斐（山梨県）、越前（福井県の一部）、加賀（石川県南部）、能登（石川県北部）、越中（富山県）、飛騨（岐阜県の一部）、信濃（長野県）の一〇ヶ国である。

「中国」地方の起源は、「延喜式」で突然制定されたものなのか、それとも「延喜式」以前に遡れるのだろうか。これを考えるには次の二つの疑問から解いて行こう。

①なぜ中部地方の「中国」が消え、山陰、山陽道の「中国」が残ったのか。

②残った「中国」が上に述べた四ヶ国にとどまらずに、山陰、山陽道全体をなぜ指すようになったのか。

まず考えられるのは地形である。山陰と山陽は中国山脈に隔てられているが、両者の往来は幾筋もの道があり比較的容易だった。ところが中部地方は中部山岳地帯と名付けられた険しい山塊に幾重にも遮られている。交通、交流の不便により、地方としての一体感を形成することが難しい。現在でも北陸、東海、甲信越のようにまとまりやすい小部分に分かれている。ただ地形の要因だけで一方（西側）が残り他方（東側）が消えた理由とするには弱い。

政治的に中央政権が山陰、山陽道を積極的に「中国」と呼んだ痕跡はない。そのような行為は大和政権自身が定めた畿道制（五畿七道）を否定することになるからだ。中国地方に政治的まとまりができたのは、一六世紀になってからであり、毛利元就の出現を待たなければならない。毛利元就を「中国筋の律儀者」と例えたり、本能寺の変直後に豊臣（羽柴）秀吉が行った備中からの大反転を「中国大返し」と言うことから、戦国時代にはこの地域を「中国」と呼んでいたようだ。

地域の呼称が官制の押し付けでなく何世紀も存続したのは、そこに住む人々、あるいは近隣の民衆が使い続けてきたからではないだろうか。都より東側にあった「中国」が無くなり、西に残った理由は何か。

日本の歴史を遡ると、大和に政治権力が確立する以前、小さな国（邑、ムラ）が点在していたことが中国の史書『後漢書』や『魏志倭人伝』に記載されている。これらの中心勢力が九州にあったとする根拠が多いことを、「第二話」、「第一〇話」において詳述した。後漢の光武帝より授けられた金印が福岡県志賀島より発見され、また『記紀』において天皇家の出自が九州であることを隠していないことが傍証になる。

弥生時代における九州地方の文明度は、日本列島の中で最も高いと言える。土器、金属器、織物、集落跡を総合的に判断すると理解できる。特に朝鮮半島に向き合った北九州は大陸からの人的、物的流入経路の窓口になっていた。

福岡県の宗像神社は、海上五〇キロメートル沖の沖ノ島、七キロ沖の大島、九州本土にある、それぞれ沖津宮、中津宮、辺津宮の三宮を信仰の対象としている。『記紀』には大和政権以前の「神代」に、宗像神社の三柱が記載されており、「大和天皇家」自身が自分達の政権より古いことを匂わせている。また沖ノ島は別名「海の正倉院」と呼ばれ、縄文、弥生時代の遺物が残され、この神社の起源は古墳時代以前に遡ることができる。

ここで注目したいことは、かなり古い時代にすでに北九州地方では、地理的な遠近関係を「沖」「中」「辺」と三分して区別していた事実である。当時の人々にとって、信仰は精神活動の大きな部分を占めていたと考えられる。その住民が日常生活にも地理的三分法を使用していたとの推測はそれほど的はずれとは思えない。

北九州地方は南を除いて海に囲まれている。北は玄界灘、西は東シナ海に隔てられている。ところが東には狭い海峡を挟んで長門、周防（山口県）がある。中国地方の国々は、「漢委奴国」の後継政治勢力にとって、北九州の近隣「近国」とは言い難いが、「遠国」と言うほど距離を感じない地域に思える。また日本海や瀬戸内海を利用して出雲（島根県）や吉備（岡山県、広島県の一部）との交易、交流も盛んであったろう。北九州の人々が関門海峡に隔てられたこれらの地域を、地理的な三分法に基づいて「中国」と呼んだのではないだろうか。

別の観点から「中国」問題を考察できる情報がある。『記紀』の「神代」巻で頻出する「葦原中国《あしはらのなかつくに》」がそれである。『記紀』が未整理のデータバンクであることはすでに述べたが、「神代」の記述はさらに混沌を極め、うかつに触れるのは危険に思えた。多種多様の説話、伝承を取り込んでまとめたように思えるからだ。ただ「葦原中国」が「神代」を通して出現し、「中国」地方の問題と関連していると考えあえて取り上げることにした。

『記紀』の「神代」に書かれた「葦原中国」は、神々が住む「高天原《たかまがはら》」に対して、人々が生活する土地の扱い方である。またその土地は神の子が統治すべき土地であると主張している。再三神（兵）を派遣するが、なかなか従わなかった。しかし最終的に大国主神が国を譲り、天つ神が「葦原中国」に降臨することが神話として『記紀』に記されている。この神話を歴史として解釈するならば、「高天原」国と「葦原中国」は長年交戦状態にあったが、「葦原中国」が敗れ「高天原」の勢力圏に組み込まれたとなるのだろう。

「葦原中国」はどこにあるのだろうか。『記紀』を読む限り、多様な使われ方をしており、九州を含め全国を指す場合もある。しかし最も多く使われている「葦原中国」は出雲（島根県）を中心とする地域だろう。国譲りに際して「高天原」から派遣された二神が出雲の海岸で大国主神と会合している。国譲りの後大国主神は神事を執り行う権限は認められ、幽宮《かくれみや》が造られたが、「柱高く太くし、板広く厚くしよう」と表現されていることから、出雲大社だろうと推察されている。大国主神が白ウサギを救った説話の舞台は因幡《いなば》（鳥取県）だった。

大国主神の祖とされる須佐之男命《すさのおのみこと》のエピソードも八岐大蛇《やまたのおろち》をはじめ多くは出雲あるいは「葦原中国」に関係している。かくして「葦原中国」は出雲と密接に結びつくと思える。

神話を深く論じることは避けたいが、神話の内容の骨子に「高天原」と「葦原中国」の争いがあるので少し触れたい。「高天原」に関して、伝承の中に歴史の片鱗があると仮定すると、出雲を中心とした「葦原中国」に敵対し征服した「高天原」の所在はどこだろうか。中国の史書や弥生時代の考古学的研究から、北九州が有望だろう。またこれが天皇家の神話だと考えると、「神武天皇」が日向から東へ向かったことも納得できる。また「第一八話」で指摘した『古事記』の記述、神代における「倭に上らん」についても、「神武天皇」以前の「倭」は大和でなく、北九州だと推察できる。

次に「葦原中国」は誰が名付けたのか。別の問い方を採るなら、「葦原中国」は自称か他称か。これを考えるために「葦原」と「中国」を個別に論じたい。

「葦原」とは葦すなわち葭の繁茂した原野のことだが、一般的には湖沼や川の下流域の岸辺によく見られる。コンクリートの堤防のない古代には水辺のどこにでもある風景だったろう。この「葦原」を固有名詞として用いる場合、他称とは考えにくい。どこにでもある風景「葦原」をある地域の接頭語として使用しても、地域を特定したことにならない。

葦（葭）は古来屋根や壁など住居用建材に使われ、日用品として加工されただろう。葦を資源の一つと考えるなら、葦の生い茂った自国を讃える呼称として相応しいと思える。

次に「中国《なかつくに》」について考える。「中国」を中間の国と思わせる記述が『日本書紀』にある。須佐之男命が「高天原」を追放される時、「高天原を出て、葦原中国にとどまることを許さず、根国に行け」と命じられている。この場合「葦原中国」は「高天原」と「根国」の間の国と表現されている。ただ「根国」の出現頻度は少なく内容も不明な点が多く、この記述は単に「葦原中国」より遠くに行けの意味にとれる。したがって「中国」を中間の国とは考えにくい。

もし「葦原中国」が自称とすれば、「中国」はむしろ大陸の中国の意味合いに近いのではないか。つまり「世界の中心の国」を自称していたのではないだろうか。その根拠として「神無月」を挙げたい。島根県では現在も一〇月を「神在月」と呼ぶ習慣がある。つまり全国の神々が出雲に集まり、神々がおいでになる神在月であり、他地域では神々が不在の神無月になることを表現している。

集まった神々は若者に嫁取りの相談をする説話が残っている。出雲大社は現代でも、良縁祈願をする縁結びの神様として参詣者が多いことも、この説話に由来するのだろう。「神々」を「葦原中国」に属する「ムラ」や「クニ」の首長達と考えると、年に一度出雲で豪族集会が開催されると表現してもいいのかもしれない。神々が嫁取りの相談をする伝承も、小集団の「ムラ」での近親結婚の弊害を避けるためと考えるなら一応理屈は通る。

神話の時代から現代に至る「神無月」にまつわる伝承に歴史的証拠はない。したがって神話時代の政治や外交についてこれ以上砂上楼閣的議論は止め、本題に戻ろう。

山陰、山陽地方を「中国」地方と呼ぶ経緯について、奈良時代に「近国」、「遠国」の中間を「中国」と定められたことがある。ただそれ以前から出雲を中心とした地域に「葦原中国」と自称する神話時代の政治勢力があり、北九州の勢力と拮抗していたことを『記紀』は暗示している。

出雲とその周辺が北九州の勢力圏に組み込まれた時、近国ほど近くはなく遠国ほど遠くもない地域として中国の呼称を用いたかもしれない。そのような歴史が根強く残り、奈良時代に「延喜式」の定める国の分類「中国」を受け入れやすい背景になったと推察できる。

毛野国（第一七話）において「毛」の文字に対する愛着が現代まで続いていることを述べたが、「中国」もまた「葦原中国」と考えられる出雲地方を中心とした地域において、古代、中世を通じ根強く残っていたとしても不思議ではない。

表 13　国の分類一覧表

国名	五畿七道	等級	遠近	国名	五畿七道	等級	遠近	国名	五畿七道	等級	遠近
陸奥	東山道	大国	遠国	近江	東山道	大国	近国	備中	山陽道	上国	中国
出羽	東山道	上国	遠国	三河	東海道	上国	近国	備後	山陽道	上国	中国
上野	東山道	大国	遠国	尾張	東海道	上国	近国	阿波	南海道	上国	中国
下野	東山道	上国	遠国	志摩	東海道	下国	近国	讃岐	南海道	上国	中国
上総	東海道	大国	遠国	伊勢	東海道	上国	近国	石見	山陰道	中国	遠国
下総	東海道	大国	遠国	伊賀	東海道	下国	近国	隠岐	山陰道	下国	遠国
常陸	東海道	大国	遠国	若狭	北陸道	上国	近国	安芸	山陽道	上国	遠国
安房	東海道	中国	遠国	山城	畿内	上国	近国	周防	山陽道	上国	遠国
武蔵	東海道	大国	遠国	大和	畿内	大国	近国	長門	山陽道	中国	遠国
相模	東海道	上国	遠国	河内	畿内	大国	近国	伊予	南海道	上国	遠国
佐渡	北陸道	中国	遠国	和泉	畿内	下国	近国	土佐	南海道	中国	遠国
越後	北陸道	大国	遠国	摂津	畿内	上国	近国	筑前	西海道	上国	遠国
信濃	東山道	上国	中国	丹波	山陰道	上国	近国	筑後	西海道	上国	遠国
飛騨	東山道	下国	中国	丹後	山陰道	中国	近国	豊前	西海道	上国	遠国
甲斐	東海道	上国	中国	但馬	山陰道	上国	近国	豊後	西海道	上国	遠国
伊豆	東海道	下国	中国	因幡	山陰道	上国	近国	肥前	西海道	上国	遠国
駿河	東海道	上国	中国	播磨	山陽道	大国	近国	肥後	西海道	大国	遠国
遠江	東海道	上国	中国	美作	山陽道	上国	近国	日向	西海道	中国	遠国
越中	北陸道	上国	中国	備前	山陽道	上国	近国	大隅	西海道	中国	遠国
加賀	北陸道	上国	中国	紀伊	南海道	上国	近国	薩摩	西海道	中国	遠国
能登	北陸道	中国	中国	淡路	南海道	下国	近国	壱岐	西海道	下国	遠国
越前	北陸道	大国	中国	伯耆	山陰道	上国	中国	対馬	西海道	上国	遠国
美濃	東山道	上国	近国	出雲	山陰道	上国	中国				

第二〇話　古代日本における漢字利用法

日本最古の歌集『万葉集』第一巻に「雄略天皇」（二一代）の作とされる歌が最初に載せられている（引用資料二十一一）。それは文字を表音と表意の漢字で記され、いわゆる漢字と万葉仮名混じり文で示された歌である。二番目に載せられた「舒明天皇」（三四代）作の歌では、動詞や名詞に表意漢字を多用しており、漢字の利用法に変化があったことをうかがわせる（引用資料二十一二）。古代人は漢字をどのように捉え、利用したかを考えたい。

日本人が漢字に接触した最古の史実は『後漢書』に記された金印である。「建武中元二年光武帝　印綬を賜う」とある。西暦五七年のことである。この印が志賀島（福岡県）から発見された「漢委奴国王」と刻まれた金印だとされている。印に彫られた五文字をもって漢字伝来の初見とすることに異論を唱える人もいるだろう。しかし儒者を多く抱えて礼を重んじる漢王朝が、金印のみを贈ることはあり得ない。金印を下賜する理由などを述べた文書が添えられていたはずだ。紙がない時代だから皮紙、帛または木（竹）簡に記されたと考えられる。

これ以降も、後漢や魏（卑弥呼の時代）に対する外交が繰り返され、現地（倭国）の人々は漢字についての認識を深め、漢字の持つ意味や力を知ったはずだ。倭国の人々が漢字をどう捉えたかに関して、二つの方向性が考えられる。漢字の特性のうち「発音」に関心を示すか、「意味」に注目するのか。三世紀までの倭国では、前者の方向で漢字の理解が進んだように思える。『後漢書』、『三国志』に記された人名、国名、官職名は、ほとんど現地での発音を漢字に宛てている。人名では「倭国王師升」「卑弥呼」「難升米《なしめ》」など、国名では「倭奴国《わぬ》」、「末盧国《まつら》」、「伊都国」、「邪馬台国」などに加え、女王国に属する国として二一ヶ国が列挙されている。これらの固有名詞は現地音を漢字で表したと考えて良いと思う。当然倭国民も人や物、自然の地形の名称が、どのような文字で表記されるのか興味を持ち、発音と文字の対応を理解しようと試みただろう。

「阿蘇山」は七世紀に書かれた『隋書』に現れる（引用資料二十一－三）。「阿蘇山有り。其の石、故無くして火起り……」とあり、その後に其の石が信仰の対象となっている説明が続く。この記述から、中国では「阿蘇山」をすでに知っていることが伝わる。

高熱の噴石が飛来し、落下した所で枯れ枝や落ち葉を燃やす様子や、後にその石が民衆に祀られる風俗に言及している。もし初見の記述であれば、煙や火を噴き上げ、溶岩が近傍を焼き尽くす様子の情報がまず伝えられるはずだろう。『隋書』の著者は「阿蘇山」の噴火の事実をすでに過去の史書により知っていたので、隋代に倭人が噴火後どのような対応を示したかを記したと思える。

語義を考えると「阿」は古くは「神々のいる所」の意があり、秦の始皇帝が建てた「阿房宮」もこの意味で使われていたのかもしれない。「蘇」は蘇生の熟語があるように、「よみがえる」ことである。つまり噴火する活火山を「神々が蘇る所」と表現したとすれば、当を得た表現だろう。中国の使者が活火山の見聞から、意味を基に「阿蘇山」と命名したのだろうか。このような意味での使用例が、古代中国の漢詩、漢文に存在するなら御教示頂きたい。

単純に倭国の言葉「アソ」を漢字に置き換えた可能性もある。特に「ソ」の音は「蘇」を宛てる例が多く、『魏志倭人伝』には「対蘇国」、「蘇奴国」、「華奴蘇奴国」が見られる。中国太守の遣わした使者が、「アソ」の古代日本語の発音を漢字に書き表したのかもしれない。

ところが五世紀になると発音を漢字に宛てる利用法は一変する。「倭の五王」の時代である。

讃……誉め称えること

珍……めずらしいこと、普通とは変わっていること

済……済ませる、たすける、盛んな様

興……おこす、盛んになる

武……猛猛しい様

漢字の意味を理解した命名である。第二話で考察したように、「倭の五王」は「大和天皇家」に無関係の北九州の豪族であり、意味を考慮した漢字一字名を用いたことになる。「倭王武」の上表文の漢文表現を見ると、この地に意味を主とした漢字文化が開花していたと推測できる。また「倭の五王」が大将軍位の叙授を中国皇帝に願ったのも、その爵位の意味、価値を理解してのことだろう。

歴史学者は「倭王武」を「雄略天皇」と同一人物と見なしたがっているが、「倭王武」の上表文と『万葉集』の「雄略天皇」作と記された歌を見比べた時、両者の漢字に対する理解や利用法に全く相容れない方向がうかがえる。「倭の五王」が中国の漢字文化をそのまま受け入れる姿勢があるのに対し、大和においては漢字を表音記号と捉えて、現地（大和）語の発音の文字化に利用する道を選んでいた。このように北九

州と大和が異なる漢字文化レベルにあることから、両者が別の文化を持った地域である傍証を得たことになる。

「倭の五王」より一五〇年後、『隋書』に「倭王姓阿毎、字多利思比孤」が隋の皇帝に書を送ったことが記載されている。歴史的に有名な「日出處天子、致書日没處天子、恙無きや……」（日出る處の天子、書を日没する處の天子に致す、恙無きや、云々）の一文である。通説ではこの倭王が聖徳太子に比定されている。しかし『記紀』には『隋書』に対応する記述はない。

「推古天皇（三三代）紀」にある「東天皇敬白西皇帝……」（東の天皇敬みて西の皇帝に白す）の記述は『隋書』の書とは似て非なるものである。「推古天皇」の相手は唐の皇帝であり、隋の皇帝に対等外交を仕掛けた「阿毎多利思比孤」の態度と異なり、唐の皇帝にへりくだっている表現が読み取れる。したがって歴史学者の悪癖「つまみ食い」による「聖徳太子＝阿毎多利思比孤」説は可能性が小さいと言わざるを得ない。『日本書紀』には遣隋使を送った記事はあるが、『隋書』には合致した内容は皆無である（第六話）。したがって「阿毎多利思比孤」は古来より遣使を送っていた北九州の豪族の首長と考えるべきである。

話が横に逸れたが、本題である漢字の利用法に戻そう。倭王「多利思比孤」が北九州の豪族だとすれば、「倭の五王」の時代と漢字利用法が全く異なることに気づく。漢字一字であった王名（讚、済、珍、興、武）が、表音文字による「阿毎多利思比孤」となり、漢字の表音利用法に回帰したように見える。しかし単に昔に戻ったと考える以上の変化があった。

『宋書』に現れる「倭の五王」は中華文明に憧れ、中華帝国の体制内に組み込まれることを望んだ。ところが『隋書』の倭王「多利思比孤」は中国に対し、対等外交を仕掛けている。自分を「日出處の天子」とし、中国皇帝を「日没處の天子」と呼んでいる。『宋書』と『隋書』の間にどのような変化があったのだろうか。そこには民族主義の台頭や倭国人の誇りの芽生えがあったように思える。

未開地の人々が新しい文明に接した時、新奇の情報を採り入れる試みがなされる。その時人々は文明に対する畏敬の念に満たされているはずだ。ところが文明の吸収がある程度進むと、以前から持っている固有の文化との融合が起きる。別物の二つの文化が止揚されることにより、民族固有の文化に対する誇りが台頭することは十分起こり得るだろう。倭王「多利思比孤」の隋の皇帝に送った国書にもその気概が感じられる。「日出處の天子」との自称もその表れと思える。

倭王の名について気に掛かることがある。『隋書』に記された倭王の名は中国側が付けたものだろうか。「アマノタリシヒコ」を和風に表記すれば「天足（帯）彦」となるだろうが、現代人にも違和感はなく、『記紀』の漢字利用法にも矛盾しない。もし中国側が漢字表記したと考えるなら、全く別の読み方になるだろう。日本語における漢字の読みは、漢代の発音の漢音と呉で発音された呉音である。例えば「御」の漢音はギョ、呉音はゴとなり、二通りに読まれる。

四〇〇年後の隋代では漢字の発音はさらに変化しているだろう。隋代の読み方で倭王の名を発音すれば、実際には知識はないが、当然別物に聞こえるはずだ。『隋書』に記された太子の名「利歌弥多弗利」が日本語として理解に苦しむ理由がこの辺りにあるのかもしれない。

このように考えると、「阿毎多利思比孤」が倭王自身による表記である可能性が大きい。字面を見ると卑字がない。「利」＝鋭い様、「思」＝細かく心を砕く様、「孤」＝独りだけ抜き出て見える様。中華帝国の発想からすると、「孤」は当然「狐」に宛てるのではないか。中華の漢字文明を倭国の文化と融合させた漢字利用法をここに見る思いがする。

では、多数存在する古墳にまったく金石文の痕跡が見られない大和地方での漢字利用法はどうであったのだろうか。ここでクイズをひとつ。以下の寺について二つの共通点を挙げよ。

飛鳥寺、川原寺、山田寺、橘寺、紀寺、久米寺、坂田寺

答えはすべて訓読みの寺号であり、「寺」を「テラ」と読むこと。もう一つはすべて飛鳥地方に在る、またはあった寺、だった。

仏教伝来以前倭国に寺は存在しないので、「テラ」という訓読みは本来あり得ないはずだ。「テラ」の語源については、古代インドの地方言語説や、朝鮮半島の古語由来説など諸説あるようだが、半島経由の読みであることは確かだろう。「ジ」と読まれていないことから、中国仏教の伝来は後の時代になるだろう。

「推古天皇紀」に朝鮮半島（百済、高麗）から僧達が飛鳥地方に来た記述がある。彼らは半島情勢の悪化に伴い、乱を逃れて倭国に渡来したと考えられる。飛鳥地方と同様、北九州大宰府においても、松原寺、榎寺、般若寺、武蔵寺、塔原寺など「テラ」と読む方が相応しい廃寺跡が存在する。

飛鳥時代前半、あるいはそれ以前に百済や高麗から逃亡、渡来した僧達により、初めて仏教と「テラ」と呼ばれる仏教施設が倭国に伝えられたと考えられる。まず北九州から漸次東へと広まったのだろう。この時倭国の人々は仏教に対して、信仰に値す

るものというより、仏像、仏具、法典、僧の装束など異文化の品々に対する興味に重点があったことが『日本書紀』の記述から感じられる。

仏教が信仰対象として本格化するのは、飛鳥時代後半だろう。遣隋使の役目の中には中国仏教の教えを伝えることも含まれていたと思われる。その頃から寺は「ジ」と読まれることになった。法隆寺創建の頃だろう。飛鳥時代後半から音読み漢字表記の寺号が増加する。このことは大和における漢字利用法の変遷が仏教の浸透と強く関連付けられることを示している。仏教の信仰が深まるにつれて、表意文字としての漢字の理解も進んだのだろう。

中国仏教の経典はまずサンスクリット語（インド古語）の漢字による表音記号化から始まった。それは倭国の言葉を、漢字を用いて表音記号化したことと同じである。次に経文を中国語に意訳し漢字で記述、誦経されることとなった。また仏の教えをわかりやすくかみ砕いた解説書も現れたと思われる。

飛鳥時代後半、仏教信仰が深まるとともに、経文や解説書を読み理解する希求が高まったのではないだろうか。漢字本来の表意文字としての理解と利用は、信仰の熱意が背景にあると考えると納得がいく。

日本が大和政権を中心に動いたこの時代に、漢字の「音読み」と「訓読み」の使い分けが進んだと考えられる。『記紀』は漢文文法に則った漢文風文体で記述されている。ところがその中で詠まれる歌はすべて一音に一字を宛てた表音漢字（万葉仮名の前身？）で書かれている。現代人には詠みづらい表記であるが、奈良時代（八世紀初頭）の人々にとっては容易に理解出来たと考えられる。むしろ歌に込められた感情を表現するのに相応しい方法と捉えていたのかもしれない。

『記紀』編纂時の八世紀までは、大和地方では一音一字の表音表記が人々に十分理解出来る記録手段だったのだ。『古事記』原文の歌謡部分を参照すれば一目瞭然だ。これが後の万葉仮名から平仮名、片仮名へと続く日本固有の文字への発展につながるのだろう。このような漢字の表音記号化（仮名）の工夫により、大和言葉を文章化することに成功したと思われる。

第二一話　「阿毎」氏と「三種の神器」

『隋書』に記された倭王「姓阿毎字多利思比孤」の姓である「阿毎」が古代史においてどのような意味を持つかを考察したい。倭王「阿毎多利思比孤」は隋の皇帝に書を送ったことが『隋書』に記されている（開皇二〇年、西暦600年・第二〇話）。この倭王が誰なのかを比定する過程が歴史学者の悪癖「推理小説マニア」の手法そのものである。

『隋書』に記された開皇二〇年と大業三年（607年）は、大和政権では「推古天皇」（三三代）の時代にあたる。女性天皇だ。『隋書』には女王とは書かれていない。倭王は明らかに男性だ。辻褄が合わない。いや、摂政に聖徳太子がいる。聡明な彼ならあの文書を隋の皇帝に送るくらいのことはするだろう。と推理小説の謎解きがなされ、倭王は聖徳太子に比定された。なんと杜撰な推理だろうか。

『隋書』に記載された倭国の人名は『記紀』に一切出て来ない。ただ「多利思」をタリシまたはタラシと読めば、天皇名に頻出する「帯、足」である。これは「武、建（タケル）」と同様、良い指導者に対して付けられる尊称と考えて良い。これらの文字によって誰かを比定するのは困難だ。

また『隋書』には「古の倭奴国なり」と、過去から連綿と続いていることを表現している。「邪馬台国の卑弥呼」や「倭の五王」がいた北九州にある国のことだ（第二話）。「姓は阿毎」の記述がそれを明示している。「阿毎」は「天」の表音表記だと思える。『記紀』の神代は「天之御中主神」に始まり「天照大神」など「天」を冠する神々が多数現れる。

ところが天皇家において、「神武天皇」以降天皇名に「天」が付くのは第二九代欽《きん》明《めい》（天国排開広庭《あめくにおしひらきひろにわ》）天皇が最初である。しかも「天国」であって「天」単独の使用例ではない。

「天」を姓のように名前の先頭に据えたのは以下の天皇である。

第三五代　「皇極《こうぎょく》（天豊財重日足姫《あめとよたからいかしひたらしひめ》）天皇」（女性）

第三六代　「孝徳《こうとく》（天万豊日《あめよろずとよひ》）天皇」

第三七代　「斉明天皇」「皇極天皇」の重祚

第三八代　天智（天命開別《あめみことひらかすわけ》）天皇

第四〇代　天武（天渟中原瀛真人《あまのぬなはらおきのまひと》）天皇

これらの天皇は七世紀中葉以降の飛鳥時代に即位している。今までまったく天皇名に使用されなかった「天」の字をなぜ用いるに至ったのだろうか。

天皇家の始祖「神武天皇」が日向から東へ向かったことを史実と見なすならば、これは「天氏」一族からの離脱を意味する。したがって初代天皇から名前に「天」の字を用いることはなかった。

『記紀』には「継体天皇」（二六代）に九州の豪族磐井の反乱を収めた記述がある（磐井の乱）。歴史の多くは勝者の歴史であり、これは反乱というより九州勢と大和勢の間に闘いがあったと考えた方が合理的だ。この時代の戦争の決着は、相手を殲滅し支配権を奪うより、敗者に臣従を誓わせ賦役、軍役を課す形で済ませるのではないだろうか。

「継体天皇」の三人の子の名前が、磐井の乱という対九州戦を反映しているように思え注目される。

第二七代　安閑《あんかん》（広国押建金日《ひろくにおしたけかなひ》）天皇

第二八代　宣化《せんか》（武小広国押盾《たけをひろくにおしたて》）天皇

第二九代　欽明（天国押開広庭）天皇

「欽明天皇」の名は「天氏の国に押し入って領土を広げた」と読み取れる。この後、前掲したように「皇極天皇」から「天武天皇」まで連続して名前の先頭を「天」で修飾している。第四一代「持統天皇」に至っては「高天原広野姫《たかまのはらひろのひめ》」と、神話時代に北九州を表現する「高天原」の地名を名前に持っている。「天」で修飾された天皇名の変化は、群雄割拠の古墳時代の盟主が北九州から大和に移ったことの反映であり、天皇家が「天氏」の宗家を乗っ取った結果であることを『記紀』は教えている。

「推古天皇」が「天氏」を名乗っていないことは、この時期「天氏」の宗主権が完全には天皇家に移っていない、つまり「天足彦（阿毎多利思比孤）」は北九州でかろうじて「天氏」を名乗り、宗主権を保持していたことの表れであろう。しかし『隋書』の倭国の条の最後に「此後遂絶（この後遂に絶つ）」と強い印象を残す表現で北九州の「天氏」の滅亡を記述した。

「宗家」、「宗主権」という語を使用したが、「阿毎」氏の宗主権について考えたい。中国の春秋・戦国時代に群雄の一人が武力だけでなく「仁」や「徳」の属性をもって国々の争いを収め、中華を安寧に導くことがあった。そのような指導者を「盟主」と呼んだ。

群雄割拠の古墳時代に北九州に勢力を持つ豪族が「盟主」として連綿と倭国に君臨

したと推察したい。倭国大乱の中推戴された「卑弥呼」、中国文化に憧れた「倭の五王」、民族意識に目覚めた「多利思比孤」(第二〇話)達がその系譜に繋がる。しかしこの時代、倭国では「仁」や「徳」を説く中国哲学はまだ伝えられていないと思われる。

では彼らはどうして「盟主」たりえたのだろうか。以後の日本史、特に天皇の在り方を考慮すると、広い意味での信仰が重要なのではないか。現代の皇室は法制上の制限があり皇室行事は皇族内の行為として扱われているが、基本的な思想は先祖(＝神)に民草の安寧を願い、五穀豊穣を祈り、感謝することであろう。

また践祚における大嘗祭では先祖＝神に皇位の継承を報告し「三種の神器」が受け渡される。このような皇室内の祭祀、行事は式次第や道具立てに変遷はあっても、本質的には先祖＝神に対面し祈願する行為が古代から続けられていたと考えられる。

皇位継承に不可欠な品が「三種の神器」である。日本史には、平氏の滅亡や南北朝の争乱時のように「三種の神器」の行方が重要な鍵となる局面があった。その所持者が宗家を名乗り、宗主権を行使できる。『記紀』の編纂も天皇家が宗家であり、他の豪族は宗家から派生した一族だとする建前を執っている(第一話)。

鏡、剣、勾玉の「三種の神器」が天皇家に存在したのはいつからだろうか。律令や延喜式などで儀式次第を規定したが、突然考え出されたものでなく、以前からあった祭祀を成文化したのだろう。「三種の神器」についてさらに時代を遡り、古墳時代、弥生時代での文献学、考古学の資料により考察したい。

「勾玉」は弥生・古墳時代に墳墓から発掘されている。部族有力者の装飾品として色や半透明感が珍重された理由であろう。『魏志倭人伝』に卑弥呼の後継者である壱与が、魏に使者を送り「白珠五千孔・青大勾玉珠二枚」などを朝貢したと記録されている。倭国の紹介記事の中に真珠、青玉を産出することが記されているので「白珠」は真珠のことであろう。

中国皇帝への贈り物としては「青大勾珠二枚」は非常に貴重な一級品と考えられる。大きさ、色、そして二枚という数から推測すると、神聖な宝物の扱いとも思える。

「鏡」と「剣」は金属製品で、ここでは主に青銅製のものを論じたい。現代人は遺物として緑青に錆びた青銅器の印象を持つが、生産直後のものは金属特有の光沢を持っている。このように光り輝く金属製品に神秘性を感じ、霊力のある神聖な器物と考えられたことは想像できる。

「銅鏡」は古く弥生中葉後期（紀元前一世紀から一世紀）の北九州の遺跡から、前漢や後漢に製造された鏡が発掘されている。『魏志倭人伝』には景初二年（西暦２３８

年）卑弥呼に「銅鏡百枚」を賜る旨の記述がある。それ故古墳の発掘で銅鏡が発見されると、これは「卑弥呼の銅鏡」だと論じられる。奈良県天理市の黒塚古墳では棺の中に三〇面余りの銅鏡が納められ、「やっぱり卑弥呼は大和にいた」との説が声高に叫ばれている。

魏帝は卑弥呼に銅鏡以外に「紺地句文錦三匹、白絹五十匹、五尺刀二口……」などの品を下賜していた。刀は鉄製だと思われるが、刀や錦は貴重な品として少量送られている。ところが銅鏡は消耗品の白絹五〇匹に倍する数である。また『魏志倭人伝』に正始元年（西暦２４０年）に鏡を賜った記録があり、正始四年（２４３年）にも朝貢の記事がある。外交儀礼については前例を参考にすることが多いはずだから、数多くの銅鏡が下賜された可能性が高い。

中国において銅鏡は、顔を映し化粧の際に用いる日用品だったのだろう。ところが倭国では、日光を反射する不思議な作用に驚き、神聖な器具として扱われたと考えられる。これらの銅鏡の多くは女王が独占するのではなく、「クニ」や「ムラ」の首長に下賜され、その神秘性や呪術性により、各集団の祭祀に不可欠な神器となったのだろう。

ただ銅鏡の分布は下賜によるだけでない。戦いの勝者が戦利品として銅鏡を略奪し、敗者の祭祀権を勝者のものとすることもあり得る。また集落の王墓を盗掘することにより入手することもあり得る。このように考えると、銅鏡の分布により何らかの結論を得ることは困難だろう。

古墳から出土する銅鏡を含め、副葬品の選択は被葬者の意向もあるだろうが、最終的には葬送者（喪主）に選択権があるはずだ。葬送者にとって貴重な宝物を相続することもなく、墳墓の副葬品として放棄するだろうか。埴輪が人、馬、家、舟の代用品であるように、埋納された副葬品も真の宝物の代わりに、数多くある二級品で済ませる心情はなかったのか。銅鏡についても径が大きく細工の精細なものが代々受け継がれ、埋葬時には三角縁神獣鏡のような数多くある希少価値の少ない鏡で代用したのではないか。古墳の埋蔵品を過大評価していないだろうか。貴重な一級品の銅鏡は時代が進むにつれ鉄製鏡に置き換えられ、銅材として処分されたかもしれない。あるいは今でも神社の奥に収蔵されていることもあり得る。

「神器」の一つ「剣」は現在では鉄製であるが、宗教的な源を辿れば銅製の鉾、剣である。銅製武器は北九州を中心に西日本での発見が圧倒的に多い。この地域を「銅鉾文化圏」と称することがあった。剣や鉾が武器であることは疑いない。ただ鉄製武器の性能に遠く及ばず、堅い木で作った木剣や竹槍、石鏃と大差ない。したがって鉄器の出現により、銅器は武器として駆逐され祭祀用として残ることになった。

弥生時代に鉄器が北九州を中心に西日本に広がるにつれて、祭祀用の剣や刀も鉄製に置き換わったと想像される。古墳時代にその分布は東日本へと広がり、銅製の鉾や剣は姿を消すことになった。後の仏教の普及により、仏像、仏具、銅鐘などに再利用されたのかもしれない。

ここまで天皇家の継承に重要な「三種の神器」の源流を弥生時代まで遡って考察したが、いずれも考古学において北九州と関連しており、天皇家が本拠とする大和とは無縁に近い。

『記紀』における「三種の神器」の登場は、天孫降臨の場面である（引用資料二－一、二）。「天照大神」が孫の天津日高日子番能邇邇芸命（ニニギノ命　引用資料四－二、三）を日向に向かわせる際に与えたものが「三種の神器」であり、元は高天原（北九州、第一九話）にあったとしている。

『記紀』には天皇家が九州日向から東進を開始したとされている。ただ出発時点での指導者は「五瀬命《いつせのみこと》」であり、戦いで身罷り、始祖「神武天皇」に指揮を委ねることになった。その際「三種の神器」の授受の記載はない。その後の天皇位の継承においても同様である。したがって前述の天孫降臨時における「三種の神器」の授与は、『記紀』編纂において他資料の記事を利用した疑いが強い。

「三種の神器」は後代に天皇家に伝えられた継承行事であり、それ以前は北九州にいた群雄の中の「盟主」による行事と考えることが妥当ではないか。「漢委奴国王」「邪馬台国」「倭の五王」「阿毎多利思比孤」と続く系譜が同一豪族のものか、権勢の移転があったかは不明だが、北九州内で継承されていたのだろう。

本話題の前半で「天」の付く天皇について論じたが、「阿毎多利思比孤」と同時代の「推古天皇」に「天」の姓はない。隋書に「此後遂断（この後遂に断つ）」と記された後に、天皇家に「天」の姓が続くことを見れば、権力のみならず「三種の神器」に伴う「盟主」としての権威が北九州から大和へ委譲されたと考えても日中の古代文献に何ら違和感はない。

第二二話　大宰府

「太宰府」の公式的な出現は大宝律令に規定された地方官制においてである。筑前国の国府としての役割と、朝鮮半島からの侵攻に対する防衛のための防人司を兼ねている。防人は白村江の戦いで日本軍が唐に敗れ、九州の守りを堅固にするための制度であった。大宰府の北方には水城、周囲の山の二ヶ所に朝鮮式山城が建設され（第一〇話）、国家存亡の危機感があったようだ。

律令や延喜式に定められた「府」の付く役所は衞府（近衞府、衞門府、兵衞府）や鎮守府など軍事組織に関係する。大宝律令に制定された大宰府の役職から軍隊である「防人」を除けば単に国府としての機能しか残らない。

防人制度が発足する端緒となった白村江の戦いでの敗戦（西暦663年）以前に、「大宰府」はどのような状況にあり、何と呼ばれていたのだろうか。「大和政権」が九州の守りのために造った都市なのか。それとも以前から都市として存在していたのか。

飛鳥時代前半に朝鮮半島からの仏教伝来により建設された施設を「テラ」と呼んだことを「第二〇話」で述べた。同様のことが「大宰府」でも起きていた。大宰府に在ったとされる杉塚寺、武蔵寺、般若寺、榎寺なども「テラ」と読む方が違和感はない。これは当然考えられることであり、飛鳥地方に朝鮮半島の仏教が伝わる過程で北九州を経由しているはずだ。したがって「大宰府」にあるこれらの「テラ」は遅くとも飛鳥時代前半あるいはそれ以前に建立されていたと考えてよい。

寺を建てるには財力のある後援者や信者が不可欠だろう。朝鮮半島から渡ってきた僧を保護し、仏教の教えに共感し、仏教施設の建設に手を貸すような後援者は地域においてかなりの財をなす有力者であろう。

このような「テラ」が複数存在することは、「大宰府」がかなりの規模を持つ都市であったことを意味する。小さな集落であれば「テラ」は一つあれば十分であろう。したがって「大宰府」は飛鳥時代後半に大和政権が建設した、あるいは拡張したと考えるより、大和政権の勢力が及ぶ以前にすでに寺院を複数抱える大都市であったと理解すべきだろう。

福岡平野の奥座敷と言えるこの地は、奴国から東へ豊後、西へ筑後、肥前、南へ肥後へと通じる交通の要衝の地である。人や物の移動が頻繁にあり、関所を設けると軍事拠点となりうる場所には人が集まり大規模な集落ができることが多い。『魏志倭人伝』に記された国々のあるものは、ここからの道を通り訪れたのではないか。

「大宰府」という都市名はいつ、誰が付けたのだろうか。前述したように大宝律令では兵力が駐屯する役所に「府」を用いている。本来「府」は一般的に役所を表す語であるが、「大和政権」は限定的使用法、すなわち軍隊組織に関連する役所にのみ用いた。

「大宰府」が「大和政権」によって名付けられたとすれば、防人制度が発足した直後（西暦664年）になる。ただ素朴な疑問として「大宰」が何なのかが気になる。軍事組織の役所として相応しいのだろうか。律令や延喜式に示された軍事組織には「鎮」、「衛」、「守」などの字が当てられ、役職には「帥」、「将」の字が使われていることから、「大宰府」より相応しい命名があったはずだ。

「宰」は「つかさどる」、「切り盛りする」意味で主に行政責任者に用いられる。宰相＝総理大臣がよい例であろう。つまり「大和政権」が「大宰府」という軍事的役所を新設、命名したと考えるには無理があるように思える。

「大宰府」は白村江の戦い以前に遡って存在していたのだろうか。これを解く鍵となる資料が『宋書』に引用された「倭王武」の上表文である（引用資料二二−一）。その中に「自ら府を開いて三司と同じ儀礼を執り行った。」の一節がある。適当に意訳すると「倭王自ら役所を開設し、中国政庁の三部署の長官の就任儀礼と同様のことを模した」となるのだろうか。「三司」とは行政、司法、軍事の長と想像する。ここに述べられた「開かれた府」が文献上初めて現れた役所あるいは都市と考えられる「府」である。この「府」がまさに九州の「大宰府」と見なせるように思う。

上の引用文は二通りの解釈が可能だろう。第一の説は「使持節都督六国諸軍事・安東大将軍・倭王」として倭王が自ら「府（役所）」を開設し、宋王朝の政治体制の一部となるものである。第二の説は「倭王武」が部下に中国政庁の長官に等しい役職を与えて「開府」させ、その就任儀礼を中国式に行った解釈である。

第一説は「倭王武」の上表文の主旨に沿っており、中華文明に憧れる「倭の五王」の行動として理解しやすい。ただこの場合「大宰府」は王都となり、「大宰」の意味に馴染まない。

第二説では倭王は独立国の王として中国政体を真似る態度を示したことになる。このことを上表文に書いたとすると、恭順の意味が薄れ、六国諸軍事・安東大将軍位を請う姿勢に反するように思える。ただ王都と別に宰相の役所として「大宰府」が存在することで、都市名との一致に問題はない。

一長一短のある二説であるが、他の可能性も残されているだろう。この問題の決着は、現在の「大宰府」の地下に「倭の五王」の時代（五世紀）の遺跡が残されているかどうかの調査、研究にかかっている。

第二三話　「王」の特殊用法

「王」とは国あるいはある地域を支配する統治者を指す語である。古今東西を問わず、王国の元首が国王である。古代中国の戦国時代末、秦王「嬴（エイ）政」は中華を統一し「王」の上位にある「皇帝」を創設し、初代として「始皇帝」と自ら名乗った。その後の中華帝国では、外藩勢力に「王」の称号を与え、国交を結ぶことにより内政を安定させた。

帝国の外藩の国の中に、東海上の島国「倭国」も含まれていた。後漢の「光武帝」は「委奴国王」に金印を授与した。『魏志倭人伝』によれば、魏帝は倭国女王「卑弥呼」に「親魏倭王」の金印を授けたと記されている。「倭の五王」の一人「倭王武」は安東大将軍・倭国王の位を叙正された。倭国は文字どおり王国であった。

しかし倭国内にあって、「王」をまったく別の意味で用いる地域があった。倭国の辺縁にある大和を中心とした地域である。『記紀』によれば、この地域を根拠地としていた天皇家の系図に数多くの「王」が存在する。

第一三話で解説したように、天皇家に出現する「王」はほとんど皇位継承権がなく、皇族から臣籍に下る第一段階の人物達である。皇族には命（尊）の称号が付与されるが、その地位に留まることが許されない子弟は「王」と呼ばれることになる。

「王」の字は上の線が天を、下の線が地を、その間に人がいる象形文字に由来して、天地の間の第一人者の意を持って「王」となっている。大和地方において本来の意味とかけ離れた「王」の用法がなぜ生まれたのだろうか。『記紀』という未整理のデータバンクにその手がかりを求めたい。

『記紀』における最初の「王」の出現は「日子坐《ひこいます》王」である（巻末資料　天皇家族系図の第九代「開化天皇」）。彼は「開化天皇」（九代、若倭根子日子大毘毘命）の子であり、「日子坐王」の子孫にも「王」が多数存在する。「開化天皇」（大毘毘命）は欠史八代の天皇の一人で史実は記されていない。第一話において欠史八代の天皇は有力な豪族や長い系図を持つ一族を天皇家に取り込んだ結果、天皇に列せられたと推測した。

今までに挙げた例は「懿徳《いとく》天皇」（四代、大倭日子鉏友命）である。その名「鉏友」が景行記にも現れる（第一話）。「景行天皇」（一二代）が小碓王（倭建命）に東国征伐を命じた際に、副官に任じられたのが「吉備臣祖　御鉏友耳建命」であった。

同名の人物を安易に結びつけることは避けるべきだか、この記述にはいくつかの不可解な点がある。まず「吉備臣の祖」とあるが、この時点で吉備氏が初めて登場するのではない。『日本書紀』では「崇神天皇」（一〇代）のいわゆる「四道将軍」の一人に吉備津彦がいる。

さらに古く「孝霊天皇」（七代）の子に吉備の上道臣の祖「大吉備津彦命」と、吉備の下道臣の祖「若日子建吉備日子命」が記されている。吉備国は古代においては大国であり、奈良時代に三国（備前、備中、備後）に分割された。この大国に関係する氏族の始祖とするには出現が遅すぎるように思われる。

第一話において述べたが、小碓王の副官の名前として「御」「耳」「建」の称号は主将を上回るもので、明らかに小碓王は位負けしている。また『日本書紀』では副官の名前は「吉備津日古」であり、『古事記』の記載と異なる。

以上の点を考えると、「吉備臣祖　御鉏友耳建命」は吉備氏の長い系図の始祖にあたる人物であることが推測できる。大国の吉備氏を天皇家に取り込むために、四代天皇に据える厚遇を与えたのではないだろうか。

欠史八代の天皇に取り込んだ別の例に「孝元天皇」（八代）がある。それは姓の一つ「宿禰」の考察から得られた（第二七・二八話）。飛鳥時代に蘇我氏は全盛を極めたが、彼らは宿禰一族の中心的な氏族だった。乙巳の変（西暦645年）において蘇我蝦夷、入鹿親子は討たれたが、その後も隠然とした勢力を保持していた。『記紀』編纂時において宿禰一族の系図は長く明確なものであったと考えられる（巻末資料　天皇家族系図　第八代「孝元天皇」の項）。それは蘇我馬子が「国記・天皇記」の編纂事業に関わっていたことによるだろう。二つの史書は乙巳の変で焼失したとされているが、文書化した系図は宿禰一族の中に残された可能性は大きい。宿禰一族が天皇家の系図に組み込まれた過程や、始祖である武内宿禰の長命の理由について第二七、二八話で詳細に論じるつもりだ。上の二例に加え、欠史八代の天皇から派生する一族について、三例目として「王」の特殊用法の観点から考えたい。

　欠史八代の一人、「開化天皇」（九代、若倭《わかやまと》根子《ねこ》日子《ひこ》大毘毘命《おおびびのみこと》）の子に「日子坐王」がいる。『記紀』において最初に出現した「王」である。この「王」の用法は天皇家の系図に見られる皇位継承権を失い、臣籍へ下りるという意味で用いられたものだろうか。

　「日子坐王」に関する系図は巻末資料　天皇家族系図　第九代「開化天皇」の項に示されている。そこから三つの点に着目した。

①「日子坐王」の家系がなぜ詳しいのか。
②外戚にどのような者がいるのか。
③天皇家とどのような関係を持ったのか。

まず①に関して「日子坐王」から派生する系図が詳細な点だ。男子は一二人おり、すべてに「王」が付けられている。また玄孫の息長日子王まで「王」であった。『記紀』に示された家族構成について、天皇家以外に詳しく書かれている家系は、小碓王と武内宿禰がある。しかしそれ以上に詳細な家系が、「日子坐王」家の家族構成なのだ。「日子坐王」の子孫が自身の家系図を保持していた結果であろう。この家系図が欠史八代の「開化天皇」の子として記された過程について後で考察したい。

次に②外戚について、「日子坐王」の四人の妻に関する出自を検討したい。一人は叔母であり、一族内の婚姻である。残り三人についてはそれぞれ山代（京都府）、春日（奈良県北部）、近江（滋賀県）の有力者の娘と考えられる。この三人は飛鳥時代まで栄えていた奈良盆地の南部よりも北辺に位置する豪族の眷属だろう。

このことは「日子坐王」一族が大和地方の政治勢力の中心に居たと言うよりも、大和より北方の地に根拠を持っていたことを思わせる。特に息長氏との関係が深いことがうかがえる。「日子坐王」の玄孫に「息長帯比売《おきながたらしひめ》（「神功皇后」）」が出現することを考えると、息長氏が勢力を持つと考えられる近江に根拠地があったのかもしれない。

着目点③天皇家との関係について考えたい。「日子坐王」の娘「沙本毘売《さほひめ》」と孫娘「比婆須比売《ひばすひめ》」が「垂仁天皇」（一一代）の后となり、「比婆須比売」は「景行天皇」（一二代）の生母でもある。「日子坐王」の甥にあたる「大筒木垂根王」の娘も「垂仁天皇」の后の一人である。

さらに前述した「息長帯日売」は「仲哀天皇」（一四代）の皇后となり、「応神天皇」（一五代）の生母であり摂政として長く政治に携わっていたとされている。このように「日子坐王」の一族は天皇家と強く結びついていることがわかる。以上「日子坐王」の系図における着目点①②③を総合して、「王」の使用法の変遷を考察したい。

今までの歴史の中で権力者が娘を入内《じゅだい》させ、生まれた子供を次代天皇に仕立てる政治手法はしばしば見られた。全盛期の蘇我氏や藤原氏、平清盛らはその手法により天皇家との結びつきを強くし、権勢を確立し、さらに次世代への権力委譲を図った。「日子坐王」一族からは四人の女性が入内し、そのうち二人が天皇の生母となったことが『古事記』に記されている。しかしこの一族の根拠地が大和より北辺の地方にあったことから、一族が政治の中心にいて意図的に天皇家に接近したことを『記紀』から読み取ることはできない。

ではなぜ「日子坐王」一族は天皇家との密接な結びつきを得たのだろうか。推測できる理由に、この一族が貴種だったことが挙げられる。大和を含むこの地域において、文明の輝きを放ち、周囲の目を引く知識、生活様式、物品などを保持していたのではないだろうか。

つまり「日子坐王」に付けられた「王」の称号が後に天皇家で使われる用法でなく、本来の意味での「王」、国の主としての意味で用いられたと思われる。「日子坐王」の父も「大毘毘王」であったと推測される。朝鮮半島の王国において政権を追われたか、国を亡ぼされた王族が倭国（九州）へ流亡したが、より安全を得るために、東方へ移動した結果だと想定したい。

このように考えるといくつかの点で納得がいく。まずこの一族が表意文字としての漢字を理解していることである。「曙立《あけたつ》王」、「菟上《うなかみ》王」、「朝廷《みかど》別王」、「迦《か》邇《に》米《め》雷《いかずち》王」など表意漢字を用いたと思われる命名が見られる。天皇の系図において、地名や称号以外に表意漢字を用いることは稀で、表音記号として一音一字を宛てることが多い。

特に注目したい名に「朝廷別王」がある。「朝廷」とは「君主」が政治を執り行う所の意味だが、これを理解している者は王族関係者と言ってよい。この語を名前に用いる意図は不明だが、文字の意味を理解した上で使用したのだろう。

「日子坐王」一族の系図が正確に伝えられたので、『古事記』に詳しく記載されたのではないか。これは文字記録として残された可能性が高い。特に「神功皇后（息長帯比売）」に至る四代の連続性に関しては、後代の「継体天皇」の先祖の曖昧さに比べると、記録と記憶の違いを感じさせる。

『古事記』の系図によると「日子坐王」の子供一二人すべてに「王」が付けられている。これは一見すると従来の大和地方での「王」の使用法に類似している。しかし「大毘毘王、日子坐王」親子が東方へ移動した時、その地では「王」の文字と意味がまったく知られていなかった。『記紀』には初代「神武天皇」以後、「孝元天皇」（八代）まで「王」の記載はまったくない。「日子坐王」が「王」の初見である。

「倭国」において「王」は存在する。中国史書に連綿と「倭王」、「倭国王」と記述されていた。ただこの「王」は対中国、朝鮮の国々に向けた外交上の呼称であって、倭国内での貴種の呼称は「命、（尊）」である。では「倭国」で「王」は何と呼ばれていたのだろうか。多分スメラキ（スベラキ）ノミコトだと推測される。スメラキを漢字「皇」を宛てたが、本来は「統べる」の古語だと思える。

したがって「王」に関して文字も意味も無知であった地域に辿り着いて、「大毘毘王、日子坐王」親子は王家の矜持を保つため、すべての子供に「王」を付けたのではないだろうか。本来「王」は一国に一人のはずだが、この地で複数の「王」の存在に異を唱える人は居なかった。このことが以後天皇家で「王」が頻出する遠因となったのだろう。

では天皇家において「王」を特殊な用法で使うことになった経緯を考えたい。「開化天皇（大毘毘王）」の次の「崇神天皇」（一〇代）の系図には「王」を名乗る人物は皆無であるが、次の「垂仁天皇（一一代）」になると「王」が現れる。

『古事記』の系図（巻末資料　第一一代「垂仁天皇」の項）によれば、「垂仁天皇」には七人の妃がいた。最初の妃が「日子坐王」の娘「佐波遅比売《さはじひめ》（沙本毘売）」、次の三人が孫の三姉妹である。その中の「比羽須比売《ひばすひめ》」は「景行天皇」（一二代）の生母である。

四人が生んだ皇子はすべて「命」が付いている。この時代は戦争、病気、災害などによって平均寿命は短く、天寿を全うすることは少ない。結果的に「景行天皇」が即位したが、「命」が付けられた皇子達は皇位継承権を持っていた。ところが五番目の妃「迦具夜比売《かぐやひめ》」は「日子坐王」の甥の娘にあたり、王族の中では傍流である。そのため生まれた皇子は皇位継承権を示す「命」ではなく、王族の一員である「王」が与えられたのではないか。

残った二人の妃の皇子にも新奇で重みのある称号「王」が付けられた。この命名法が暗黙のルールとなって後代に引き継がれたと推察してもそれほど的外れではないだろう。「景行天皇」の代には「王」の付く皇子が多くなり、天皇家として都合のいい称号と認めたのだろう。さらに「日子坐王」の末裔が天皇家と婚姻を重ねたことが系図から読み取れるが、この王族の影響がどのように働いたかの吟味は今後の研究の一課題となるだろう。

人物の章

第二四話　「雄略天皇」の虚像

古代史を研究する歴史学者にとって「雄略天皇（二一代）」は最重要人物である。中国南北朝時代の『宋書』に記された倭国王の朝貢記事の「倭王武」が「雄略天皇」に対応することがほぼ定説になっており、「大和王朝」が中国に使者を遣わしたとしている。また関東の埼玉稲荷山古墳から出土した鉄剣に金象嵌による「ワカタケル大王」の銘文が発見されたことにより、「若建（ワカタケル）」の名を持つ「雄略天皇」が関東の豪族に下賜した剣と考えられた（第七話）。

「継体天皇」（二六代）以前の天皇の中で唯一「雄略天皇」は考古学的にも、文献学的にも存在が証拠付けられた人物となった。この仮説により中国史書と『記紀』の時間軸に接点ができて、「雄略天皇」以前と以後の天皇の在位年代の推定が容易になった。「倭王武」が中国皇帝に上表文を奉上した時点（西暦478年）が基点となっている。

この点について「第二話『倭の五王』と『倭王武』の上表文」において「倭王武＝

雄略天皇」説を、いくつかの根拠を挙げて否定した。その理由をかいつまんで述べると、漢字一字の王名の習慣が『記紀』では一切痕跡が見られないこと。倭王の一字名「武」が『古事記』では「建（タケル）」を宛てていること。上表文を読み解くと、倭王の根拠地が大和ではあり得ず、北九州が相応しいこと、などなど。

稲荷山古墳出土の鉄剣に象嵌された「ワカタケル大王」についても、「ワカ（若・稚）」と「タケル（建・武）」は名前を表す固有名詞とは考えにくい。「ワカ」は天皇やその子供に多く用いられている（巻末資料　天皇家族系図参照）。「タケル」については熊襲タケル、出雲タケル、八十タケル、倭タケルなど勇者、英雄に対する称号、勇敢な人を意味する一般的な名詞だと思われる。

さらに「雄略天皇」の和名「大長谷若建命《おおはつせのわかたけのみこと》」は天皇即位前には、「安康（二〇代）記」に「大長谷王子」、「安康紀」に「大泊瀬皇子」となっている。「ワカタケル」は天皇即位後に名前を修飾するために付けられた称号だろう。個人を特定する材料にはならない。したがって「ワカタケル大王」＝「雄略天皇」と結びつけることは早計であり、間違った方向に導きかねない。

さらに「雄略天皇」に関して不審を抱かざるを得ない資料がある。それは『万葉集』である。「第二〇話　古代日本における漢字の利用法」の冒頭に『万葉集』第一巻の一番目に「雄略天皇」、二番目に「舒明天皇（三四代）」の歌が載せられていると述べた（引用資料二十－一、二）。この時点で大きな疑問があった。

「雄略天皇」のこの歌はどのように伝えられたのだろうか。「雄略天皇」と「舒明天皇」の間に十二代の天皇が存在し、『日本書紀』の編年によれば一六〇年の開きがある。またその間に「継体天皇」による王朝交代があり、継体朝以前の情報がどれほど温存されたか疑問である。飛鳥時代以前に大和地方に文字記録の痕跡は皆無である。

そのような時代での情報の伝承はどのようになされたのか。例えば「神武天皇」の日向から大和への移動と建国は、歌や踊りを交えて英雄譚として語り継がれたとの考えはありうるだろう。また「倭武命《やまとたけるのみこと》」の南九州、出雲、東国での征服譚も、同一人物の所業かどうかは問題があるにせよ聞く者をワクワクさせる物語だろう。

では『万葉集』に載せられた「雄略天皇」の歌はどうなのか。具体的に歌を引用して考察しよう。岩波文庫『原文万葉集』からの歌を引用資料二十－一に示した。

資料の第一巻冒頭の歌が「雄略天皇」のものとされている。また『万葉集』第九巻の先頭にも「雄略天皇」の歌（引用資料二四－一）がある。これついては「舒明天皇」作との説も注釈に書かれており、和歌三一字形式に従っているので、新しい時代の作と考えられる。つまり「雄略天皇」の作とは考えに難く、注釈にあるように「舒明天皇」あるいはその時代の人の歌だろう。しかし前出の「雄略天皇」作とされる歌は、形式から外れた破調の歌であり、古さを感じる。

だからと言ってこの歌が「雄略天皇」の時代まで遡れることが出来るのだろうか。「第二〇話」で推察したように大和地方では飛鳥時代になって漢字の利用が始まるが、倭語一音に漢字一字を宛てる表音記号としてのものである。それ以前の時代に漢字使用の痕跡は見当たらない。前述した英雄譚や征服譚は記録に残されたものではなく、古老が火の傍らで子供達に語り聞かせる昔話であり、このような物語は代々伝承されるだろう。お伽話が現代にまで受け継がれてきた所以である。

前出した『万葉集』第一巻一番の歌は、男が野に出て見目よい娘を見初め、家や名前を聞き出そうとする内容である。このような求愛の歌は数多く作られている。文字記録のない時代に一〇〇年以上にわたり作者名とともに語り継がれるほどの印象深い歌だろうか。しかも継体王朝への転換期をはさんでのことである。

『万葉集』の編者が第一巻の冒頭を古の天皇の歌で飾りたい気持ちは理解できるが、この編集は故意か錯誤かは不明だが明らかに失策である。「雄略天皇」の「ワカタケル」が誤解の元凶であることを度々説明してきた。「ワカタケル」が一般的な称号と考えるならば、勇猛果敢な若者（ワカタケル）が詠んだ歌を「雄略天皇」の作とした可能性もあるが、それを証明することはできない。しかし時代的な隔たりを考えるならば想像の域を超えた現実味を感じる。

これと類似した失策が見つかっている。第二巻冒頭に「仁徳天皇」（一六代）の后である磐姫皇后が天皇を思い作った歌四首（引用資料二四－二）が載っている。これら四首は短歌形式に則り新しいものと考えてよい。しかし「仁徳天皇」は古墳時代を代表する天皇であり、「雄略天皇」よりさらに時代を遡っている。このあり得ない状況に誰しも強い違和感を抱くだろう。

これも意図したものかどうかは不明だが、新しい時代の歌を「仁徳天皇」の皇后の作としたとしか考えられない。では誰の歌なのか。『古事記』では「仁徳天皇」の后は「石之日売命《いわのひめのみこと》である。ところが「欽明天皇（二九代）」の后に「石比売命《いしひめのみこと》」という「宣化天皇（二八代）」の御子がいる。この二人の名の類似による錯誤があったとすれば理解しやすい。

『万葉集』の編者は『記紀』を参考にしてより古い時代の歌を求めて失策を繰り返したように思える。その一つが「雄略天皇」の称号「若武（ワカタケル）」の取り違えだろう。「ワカタケル」は現代の歴史学者のみならず、『万葉集』編者にも「雄略天皇」の虚像を見せている。

第二五話　「神武天皇」の東進

「大和天皇家」の出自が日向（宮崎県）とする『記紀』の記述に作為は感じられない。天皇家の初代「神武天皇」が日向を出て、大和に定着した記事を史実と見なして、馬鹿馬鹿しいほど真面目に記述を追った。そして『記紀』の記述を基に、移動の年代、理由、目的、様相について考察した。

移動の年代を特定できる資料は全くない。『日本書紀』に従えば皇紀元年（ＢＣ６６０年）を算出できるが、これを肯定する歴史学者はほとんどいないだろう。縄文、石器時代の出来事とするには記録が明確すぎる。

年代を一つに絞れないので、三つの可能性のある年代を想定したい。第一は「第三話」で論じた『日本書紀』の二倍年暦の補正による「神武天皇」の即位年ＢＣ85年を候補①とする。これより「欠史八代」を除いた西暦１５６年を候補②とする。さらに系図の接ぎ木や挿入の可能性を考慮して、「第三話」で一例として挙げた近江・河内王朝の関係を除いた220年も候補③としたい。『記紀』は「神武天皇」の即位を、より太古に遡って設定したい意図があるので②や③のようなより新しい時代もあり得るだろう。考古学的に①は弥生時代中期の終わり頃、②は後期、③は晩期の時期に対応するだろう。以後の議論の過程でどの時期が相応しいかを考察したい。

『記紀』に述べられた「神武天皇の東進」について概観する。『日本書紀』では天神が「神武天皇」の曽祖父に豊葦原瑞穂の国を授けたとの記載がある（引用資料二五－二）。老翁に「東に青山に囲まれた美しい土地がある」と告げられ「神武天皇」は船団を組んで十月日向から北上する。速吸之門《はやすひなと》（豊後水道）を経て、筑紫国（福岡県）の菟狭《うさ》にて一柱騰宮《あしひとつあがりのみや》を造る。十一月筑紫国の岡水門（関門海峡）に至り、十二月に安芸国（広島県）の埃宮《えのみや》に住まいする。翌年三月吉備国（岡山県）の高嶋宮に三年滞在する。三年後の二月舟、兵糧を調え東に向かい、三月に河内国（大阪府）の白肩の津に至る。四月に兄「五瀬命」が怪我をし、五月に亡くなる。

『古事記』の記述は『日本書紀』と異なっている（引用資料二五－二）。「神武天皇」は「五瀬命」と語らい、「東に行こう」と決める。日向から出発し、豊国（大分県）宇沙を経由して筑紫の岡田宮に一年滞在する。次いで阿岐《あき》（安芸）の多祁理宮《たけりのみや》に七年、吉備の高島宮に八年滞在する。速吸門にて国神槁根津日子に遇い舟に乗せ、浪速の渡を経て白肩津に至る。そこで登美の那賀須泥毘古《ながすねひこ》に迎撃され、「五瀬命」が負傷し、紀国（和歌山県）において亡くなる。

『記紀』二つの旅程記事には相違点がある。

(a)まず速吸門の位置である。岩波文庫版『古事記』による註釈では、速吸門は豊予海峡のことなので、現れる位置がおかしいとしている。しかし速吸門を潮の流れが速い海峡を意味する一般名称と考えるならば、明石海峡を念頭におけば問題はない。

(b)経由地については両者の記述はほぼ合致しているが、滞在期間が大きく異なっている。『日本書紀』では足掛け四年の旅程であるが、『古事記』では滞留期間の合計は一六年、二倍年を考慮に入れると八年となる。

(c)『日本書紀』では全行程舟を利用しているが、『古事記』では出発時に船旅を想起させる記述はなく、吉備国（岡山県）以後舟を利用したと読み取れる。

(d)旅の目的について『日本書紀』の建前論から、祖先に授けられた東方の土地を自分のものとする意図で、いわゆる「神武東征」が行われたとしている。この点『古事記』の記述は曖昧になっており、「五瀬命」と相談してとりあえず東に行こうと決意した旨が記されている。

いか。

「神武東征」という軍旅が実際にあり得たのだろうか。舟について考えると、五世紀日向の西都原古墳群から、準構造船の埴輪が出土している。構造船は丸太を板に加工し、組み立てて舟を造る高度な技術を必要とする。出発時点と予想した三世紀以前にそのような船が造られただろうか。手っ取り早く造ることができるのは丸木舟ではないか。

遠征軍を考えた場合、数十人の人員ではとても戦い切れないだろう。したがって出発時期の候補①（弥生時代の小規模集落）は不適格だろう。数百、あるいは千を超える人数となると、準構造船であれ丸木舟であれ、彼等を乗せる舟もまたおびただしい数となる。舟の乗員数は不明だが十人前後とすると、数十艘の舟が必要だ。大船団だ。

また遠征軍にとって考慮すべき大問題は食料である。もし前もって十分な食料を調達出来たとするならば、なぜ豊穣の土地を離れて、戦いの危険な旅に出る必要があったのだろうか。食料不足が外征に駆り立てたのではないのか。つまりこの遠征軍は十分な食料を確保できずに、現地調達を試みたと思われる。

弥生時代は戦乱の時代で、埋葬された人の骨に刀傷や鏃の刺さった跡が少なからず見つかっている。石鏃の先端が骨に残った人骨もあった。このような時代に食料の調達には争いは付きものである。その度に死傷者が生じ、兵力の損耗が徐々に起きる。

夜間航行は舟の分散、衝突、座礁などの危険が伴うため、明るいうちに上陸し宿営することになる。未知の土地での滞在は、現地住民との穏便な交渉が必要だろう。もし敵意のある住民なら、舟、食料、武器、武具などの略奪に注意を払わなければならない。

また働き手であり兵士である成人男子が出ていった後の集落には、老人や女子供が残される。この状況を知った近隣の集落はただ見守るだけだろうか。土地や奴隷を得る機会と考えるのではないだろうか。

このように常識の上に立って想像を拡げるならば、無条件での遠征軍は成立しえない。例えば日向一円に強権を持つ王が広い地域から徴兵する条件があれば、後顧の憂いなく外征することは可能だろう。また瀬戸内海の国々との友好的交流があれば、外征を成功させる条件として有利に働く。

ところが弥生時代にこのような条件を満たすことは考え難い。『魏志倭人伝』に「卑弥呼」前史として「倭国乱れ、相攻伐すること歴年」と記載されている。前述した東進の時期③に対応する年代だが、あえてこの時期に国を挙げて兵力を東進させる意図が見当たらない。出発時点から常に立ち行く先に敵が存在することになる。

候補①の時期においても、集落の規模が小さくなり、「国家」の意識はなく政治的な意味での他国との交流は考えられない。したがって通過地での友好的な交渉は望みが薄く、食料の調達に利する状況にはなかっただろう。

多人数の移動を考える上で想起するのは、渡来人の例である。弥生時代から奈良時代まで中国大陸や朝鮮半島から海峡を渡って来た人達である。彼等は広く日本列島に拡散していった。関東地方に高麗《こま》(狛)、百済《くだら》、秦《はた》の地名が残っているが、定着した土地に彼等の出身国の名を付けたか、周囲の人達が呼んだことに由来するのだろう。

「神武東征」の遠征軍が成立し得ないと前述したが、渡来人が各地に広がり定着できたのはなぜだろうか。まず少人数であったことだろう。家族、一族を伴ったとしても数十人規模にとどまっていた。この中には女性、老人、子供も含み、武装も表面的には軽備にして、現地人に危険性を感じさせなかったのだろう。

最も特筆すべきは、この集団が高い文明の香りを漂わせる一行だと言うことだ。色鮮やかに染められた衣装やきらびやかな装飾品などは倭国の人々の好奇心をくすぐり、襲って奪う危険を冒すより、食料と交換して入手しようと考えないだろうか。友好的な集落においては外の広い世界の様子を知る願望を満たすために、長期の滞在を望まれる場合もあったのではないだろうか。文明の高さを示す数々の物品の用途や作り方に興味を持ったかもしれない。

さらに深読みをするならば、閉鎖的な集団に新たな血を入れるために婚姻を結び遺伝的強勢を図ることもあったかもしれない。文明を背景とした渡来人の技術、品々、血脈が彼等自身の生き残りに寄与したと思える。

以上の推論を参考に「神武天皇の東進」について考えたい。まず移動の動機である。『日本書紀』では建前論として父祖から託された地上の支配権を行使する意図を論じているが、遠征軍は成立し得ないことを前段で論じた。つまり弥生時代に軍を興して征服戦に向かう状況は論外だと思う。

『古事記』中巻の冒頭に、兄「五瀬命」と東進を相談する様子が述べられている（引用資料二五－二）。「何地に坐さば、平らけく天の下の政を聞こしめさむ。なほ東に行かむ。」この文を意訳すると「どこへ行こうか。……　とりあえず東に行こうか。」となりそうだ。問題は略した七文字をどう解釈するかだ。東征の建前論を排し字面だけを意訳すれば、「天の下の国々の政を看ると平穏さが聞こえてくる（地だ）。」と読める。

『古事記』には大和を目的地とする記述はない。住みづらくなった地を離れて、一族あるいは一地域の住人が東に移動する内容である。弥生時代に集落が突如放棄され、長期間の後に再び集落が形成された遺跡がしばしば見られる。

生活に適した立地の集落が突然住みづらくなる理由はなんだろうか。主なものとして二つ、戦乱と天災が考えられる。ただ戦乱を理由とするには『古事記』の記述は悠長すぎるように思える。また戦に巻き込まれると、住民は散り散りになったり、捕えられて奴隷にされることもあるだろう。このような状況での住民の秩序だった移動は考え難い。

第二の理由、天災が東進の引き金となることが最もあり得るのではないだろうか。天候不順による不作が続いたり、豪雨による河川の氾濫で、集落が甚大な被害を蒙る事態が予測できる。弥生時代には飢饉に際して、山野に入り獣を狩ったりどんぐりや栃の実のような木の実を採集して、食をつなぐこともあったことだろう。それさえも取り尽くすほどの災害に見舞われた時は、自分達の土地を放棄せざるを得ないと考えられる。

東進の過程については、筑紫国の岡田宮に一年、安芸国の多祁理宮に七年、吉備国の高島宮に八年の滞在を『古事記』は記している。この年数は何であろうか。二倍年暦を考慮しても計八年を要している。もし「東征」の遠征軍が滞留して食料を調達したと考えるには長すぎる期間のように思える。

この長期間を考慮すると、この地に入植し開墾したと推量できるのではないか。利水に都合の良い土地を探し、焼畑農法により畑地に開墾する。さらに水田に適しているかどうか試みる。このような努力の成果を確かめる期間が『古事記』に記された年数なのではないだろうか。

吉備国における数年の滞在も、同様の試み、入植と開墾がなされたと考えたい。もし安芸や吉備の入植地が豊穣の地であれば「神武天皇の東進」はここで終わっていたかもしれない。つまり一族が安定して食料が得られ、安心して住めるならば、さらに移動する必要はなかったはずだ。実際にはさらに東進し、大阪湾を渡り河内に上陸し、白肩の津で長髄彦《ながすねひこ》に負けるが、最終的に大和の地に国の基盤を築くことになる。

「神武東進」の目的や経過について推理したが、最初に述べた東進の時期に関して東進の様子を踏まえて考えたい。まず卑弥呼前代の「国々相攻伐すること歴年」（『魏志倭人伝』）の様子から候補③の三世紀前半（弥生時代晩期）はどうだろうか。戦乱で国々が緊張している状況では、多人数の移動は困難だろう。

次に候補①の場合を考える。紀元前の弥生時代中期では「ムラ」の状態であると思わせる記述が『後漢書』、『魏志倭人伝』にある。渡来人の移動で論じたように、高い文明を感じさせる技術や品々を持つ場合を除き、数十人の集団では略奪や捕獲によって消滅する可能性が高い。

最後に残った候補②（弥生時代後期）が「神武東進」のありそうな時期に思える。紀元一、二世紀の頃だろう。新たな入植地を求めて九州から本州に渡り、人気のない山野を、食料を採集しながら東へと向かったはずだ。他族の襲撃に備えながらの滞在や移動であり、「五瀬命」や「神武天皇」の卓越した指導力が不可欠であったことだろう。最終的に神武一行が大和に侵攻し定着できた理由の謎解きが残されているが、それは次の話題となる。

第二六話　神武東進の成功の謎

「神武天皇」が日向を発って東進し、河内（大阪府）に到達するまでの目的や状況から、どの時期の出来事かを第二五話で推察した。しかし「神武天皇」が大和に入るまでの物語は続く。さらに愚直に『記紀』の記載を吟味して、大和に定着するまでを考える。

河内に上陸し大和を目前にした一行が、大和側の長髄彦に攻撃され、指導者「五瀬命」が大怪我を負う敗北を喫した。このような痛手を負った「神武天皇」が最終的に大和の地に定着できたのはなぜだろう。ただ単に戦に強かったと言うことでは説明がつかない。そこには何らかの歴史的理由があったように思える。この点を「神武天皇」の足取りを追いながら考えたい。

まず『記紀』では河内の敗北の理由を「五瀬命」が述べている。
「日神の末裔が日に向かって戦ったから負けたのだ。」

敗軍の将が、士気低下している一族の者に新たな指針を与えることにより希望を持たせる声明だろう。

『日本書記』は「東征」を建前としているので、「神武天皇」が大和に入ろうとする時、長髄彦が軍を起こし「与《とも》に会い戦う」と記している。不思議なことにここに至るまで、安芸（広島県）や吉備（岡山県）を通過した時には戦の記述はなかった。『古事記』では、河内の白肩津に上陸した時、登美の那賀須泥毘古が「軍を興し」神武一行を「待ち向かえて戦った」とある。

第二五話で推論したように、「神武天皇」一行は新たな入植地を求めて東に向かった。河内や大和に開墾できる土地を期待していたが、在地勢力の代表としての長髄彦は侵略と受け取り攻撃したのではないだろうか。「五瀬命」は紀の川河口付近で亡くなり、以後「神武天皇」が指揮をとる。大和を東から攻めるために紀伊半島を東に回り熊野灘に至る。『日本書記』には熊野灘が荒れていたため、「神武天皇」の次兄「三毛野命」が入水して嵐を収める記述があるが、『古事記』にはない。これは荒れた海で「三毛野命」が遭難したことを神聖化した表現かもしれない。この後「神武天皇」が単独の指導者になったのだろう。

熊野川に到達した一行は、川を遡上し山を越えて大和に至ることになるが、この旅程で登場する人物は『記紀』で全く同じである。つまり「神武東進」の英雄譚が永年正確に伝承されていたことを物語っている。熊野川を遡上する途次、高倉下《たかくらじ》が刀をもたらす。次いで八咫烏《やたがらす》が案内人として登場する。『記紀』で両者は天神に遣わされたとしている。しかし八咫烏は熊野から奈良吉野に至る道に詳しい山の民と考えた方が良いだろう。

紀伊山地から奈良盆地に出る土地に『記紀』で順序が逆になっている。『古事記』によれば、吉野川（紀の川の上流部の名）の川下に出て、次に宇陀へと進む。吉野川流域で贄物《にへもつ》の子、井氷鹿《いひか》、石押分《いわおしわく》の子が現れ「神武天皇」に従う。宇陀の地で兄宇迦《うか》斯《し》、弟宇迦斯に出会い、弟は従い兄は背いて殺される。『日本書記』では菟田《うだ》に入り弟猾《うかし》は「神武天皇」に従うが、兄猾は逆らい殺される。その後吉野に至り井光《いひか》、磐排別《いわおしわく》の子、苞苴担《にへもつ》の子が従う。『記紀』において漢字表記は異なるが、登場人物は一致している。

神武一行が奈良盆地に侵攻する際の戦況は『古事記』では三組の敵を破ることにより達成されたとしている。宇陀から忍坂の大室に進んだ時、土雲八十建、次に登美毘古（登美の那賀須泥毘古のこと）を撃ち、兄師木《しき》・弟師木を倒す。最終的には、先に大和に移住していた邇芸速日命が登美毘古の妹と結婚して生まれた子を人質として差し出し降伏する。

『日本書記』に書かれた征服譚は『古事記』と同様の経過を辿るが、登場人物が多い。「神武天皇」軍が奈良盆地に侵攻する時に、国見丘に八十梟帥《やそたける》、磐余村に兄磯城軍が待ち構えていた。さらに磯城邑に磯城の八十梟帥、高尾張邑に赤銅の八十梟帥が防御戦に備えていた。ここに登場する八十梟帥は個人名ではなく、多人数（八〇人程度？）を従える豪族を意味するようだ。

神武軍はまず国見丘に布陣する敵を撃ち破り、次いで磯城彦（兄磯城と弟磯城）を攻撃する。弟磯城は「神武天皇」に従うが、兄磯城は斬られる。さらに長髄彦との戦いになるが、経過は『古事記』に述べられたものと同様の結末となる。『古事記』ではここで戦いは終わるが、『日本書記』ではさらに掃討戦に入り、新城戸畔《にいきどべ》、居勢祝《こせのはふり》、猪祝《いのはふり》達が従わないので打ち倒す。

以上の英雄譚、征服譚から、「神武天皇」がなぜ大和の地に足場を築けたのかを考えるのが本編の主題である。歴史的な情報、状況などの観点から考察したい。挙げられる項目は三点である。
①神域、人外地からの侵攻。
②入植者集団から戦闘集団への変容。

③「兄《え》・弟《おと》」、「誰某の子」の意味。

まず①について。古代日本人は山や森を神が宿る場所、精霊の住む処と考えていた。紀の川流域以南の山塊はまさにこのような場所であった。遥か後年九世紀になって、紀の川からわずか一〇キロメートル南の山中に、弘法大師空海は真言密教の修行の場として高野山を開山した。そこは修行者以外立ち入ることの出来ない秘境だったのだ。

米作を生産手段としていた弥生人にとって、可耕地の少ない紀伊山地は魅力のない土地でもあったろう。このような土地で生きて行けるのは、縄文時代の生活様式を残している山の民しかいない。彼らは獣を狩り、栗や栃などの木の実を採集、貯蔵し、焼畑農法により雑穀を生産する生活を営んでいた。しかし米を知らなかったとは思えない。物々交換により得た米の味は知っていたはずだ。美味しく、食べやすく、腹持ちのよい米は憧れの食料だったのではないだろうか。

「神武天皇」一行が北上の途次に出会った道案内人の八咫烏も、このような山の民の一族と思われる。彼らの米に対する希求と、「神武天皇」の北進について双方の利害が一致したと考えても、それほど的外れとは思えない。大和侵攻に際し水田を保証することにより、道案内と兵力増強を図れたのではないだろうか。実際『日本書紀』神武紀三年には彼らが土地を賜った記述がある（引用資料一三－一）。

思いつきの突飛な語呂合せであるが、八咫烏について考えたい。この名は「八田《やた》枯《からし》」の変化したものではないだろうか。「八田」は多くの土地の水田化を試みたことを示し、植えた稲を「枯らして」しまった様を表現したもので、紀伊山地の狭い土地を耕して水田を作ったが稲の収穫に成功しなかったことによって付けられた名前ではないか。つまり米作を試みたが上手くいかなかった「八田枯」が伝説での案内人の「八咫烏」に変化したと想像したアイデアである。

精霊の住む南の神域から山の民を含む兵団が突如侵攻した時、吉野川流域や宇陀地方の豪族は驚いたと言うより恐れたのではないか。人外地から現れた「神武天皇」一行が神兵に見えたというのは言いすぎだろうか。少なくとも彼らの信仰に大きな衝撃を与えたのは確かだろう。

「神武天皇」の成功の謎②入植者集団から戦闘集団への変容について考える。神武東進は日向を出る時点では新たな入植地を求める目的だと『古事記』の記述から推測した。ところが河内で敗戦し兄「五瀬命」を失ったことにより、神武一行は入植者集団から戦闘集団に変化したと思われる。

その象徴的な事柄が刀をもたらした高倉下の登場である。天照大神、高木神（『日本書記』にはない）の命により建御雷神が高倉下の倉に刀を降し、夢によって「神武天皇」に献上するように高倉下に教えた。刀は『古事記』では横刀となっているが、『日本書記』では剣と書かれている。

横刀は刀身の横に刃が付いている太刀であり、銅製の物は強度の点であり得ない。剣として考えると、九州から天神により下された霊力を感じさせる武器なので鉄製と考えられる。つまり「神武天皇」は当時の最新武器を入手したことになる。その切れ味は現地（熊野地方）の人々を驚かせたに違いない。銅や木でできた剣は叩くか刺す機能しかなかったが、鉄製の剣や刀は凄まじい切断能力を見せただろう。

刀をもたらした高倉下について考える。『記紀』では「熊野の高倉下」と現地の住人としている。しかし高倉とは漢字の意味に沿った表現であり、高床式の倉庫を連想させる。彼の後に登場する人物名が、大和地方に根強い表音表記（第二〇話）なのに比べ違和感がある。

『日本書記』ではこの先奈良盆地での戦いに際し、磯城の豪族一党に兄倉下、弟倉下が登場する。この倉下の読みを「衢羅餌《くらじ》」としているが、高倉下については説明がなく別人と考えた方が良いだろう。したがって高倉下は大和や熊野の住人ではなく、「神武天皇」に従う人物ではないだろうか。

さらに推測すれば、高倉は人名ではなく役職名のように思える。『記紀』の記述では建御雷神が高倉下の倉に刀を置くとなっている。もし高倉下が山の民であれ、「神武天皇」の部下であれ、彼が個人的に高床式の倉を持っているとは考えられない。むしろ彼が管理する倉と解釈する方が理解しやすい。「神武天皇」一行が東進する際に、倉に保管していた刀を管理者の高倉下が携行していたと考えても納得がいく。高倉下の「下」も役人の位に関係するかもしれない。この最新兵器である鉄刀の鮮やかな切れ味に霊的な力を感じた熊野地方の住人、山の民を従え、戦う集団に変容し得たのではないだろうか。

次に第三の項目③について「神武天皇」の成功にどのように関与したかを考える。「兄《え》・弟《おと》」、「誰某の子」が頻出する。「兄・弟」の登場人物は説話によく現れるパターンであり、『記紀』においてもそれに類するものと見なす見解が多い。

では「贄物の子」、「石押分の子」についてはどう解釈すればいいのだろうか。子が幼児であれば、単純に人質と考えられる。子が成人の場合はどうだろうか。戦国時代に二大勢力の間で滅亡を免れるために、親子、兄弟がそれぞれの勢力に加担し一族を存続させる方策が採られることが多く見られた。これに関して真田一族が豊臣と徳川の戦いに際してとった行動が有名で、親子、兄弟が豊臣と徳川に分かれて一族を存続させる逸話がある。

「神武天皇」は一族の兵士に加え、熊野の山の民をも勢力下に置くことにより、吉野や宇陀の小豪族が対抗できないほどの軍勢になったのではないだろうか。したがって一族から人質や加勢を神武軍に送り、神武軍からの攻撃を避けて一族の温存を図ったと考えても理屈は通る。こうして現地（大和）勢力の筆頭長髄彦との対決に至ったのだろう。

『記紀』の曖昧な記述を基に馬鹿真面目に「神武東進」を論じることに疑問を投げ掛ける人もいるだろう。第一話で『記紀』は膨大な未整理のデータバンクだと論じ、迂闊に「つまみ食い」すべきでないと指摘した。しかしまた「神武天皇」が日向から大和へ進出したことを歴史的事実として、そこを基点に考察を推し進めることを提案した。

さらに建国譚や英雄譚は、誇張や神格化があったとしても、永く語り継がれる性格の物語だ。その物語の神がかった部分や荒唐無稽の部分を削ぎ落として考察することで、歴史的な真実の一片を導き出すことが出来るのではないか。

古代ギリシャの叙事詩「イリアス・オデッセイア」から、シュリーマンは古代トロイの遺跡を発見した。英雄伝説の中に歴史的真実の一片を見いだしたからだろう。神武建国伝説も考古学的な時代背景と照合して、愚直に『記紀』を読み解くと、第二五話と第二六話の物語となったが、歴史的な流れにそれほど逆らってないと考える。

第二七話　宿禰《すくね》と八色姓《やくさのかばね》

「武内宿禰《たけしうちのすくね》」は『記紀』の中で興味深い人物である。しかし今回の話題は人物としての「武内宿禰」ではなく「宿禰」に代表される「姓《かばね》」について考えたい。『記紀』では「宿禰＝スクネ」に統一して記載されているが、後代に編纂された書物にはスクネ＝足尼、足禰、少禰などと記載されている。この宛字の多さは元来「スクネ」に対応した漢字はなく、宛てる漢字の試行がなされたことを物語っている。

第二〇話において大和地域の漢字利用法が表音記号からはじまったと考察した。『日本書紀』はあたかも漢倭辞典のように表意漢字で記した文字を表音漢字に翻訳する訳注が数多く見られる。

「日本、此をば耶麻騰《やまと》と云ふ」

このように倭語の漢字表記を一音毎に漢字一字に宛てて、倭語の発音が意味する漢字を解説している。漢字の訓読み訳と言える。『日本書紀』編纂時に表意文字としての漢字が十分浸透していなかった表れである。

では「宿禰＝スクネ」の歴史的意義について考える。七世紀末に八色姓《やくさのかばね》が制定されたと「天武天皇（四〇代）紀」にある。「真人《まひと》」、「朝臣《あそみ》」、「宿禰」、「忌寸《いきみ》」、「道師《みちのし》」、「臣《おみ》」、「連《むらじ》」、「稲置《いなぎ》」の八姓である。この中に「宿禰」が含まれる。「天武天皇」がこの「八色姓」を定めた理由は何だろうか。

「姓」の字は血族や氏族に由来し、女偏が付くことから母系制の意味も残っている。カバネを「姓」の漢字に宛てたことから類推すると、血族を主体とした集団のことを「カバネ」と呼んだのではないか。この集団を八つの姓に統合したのが「天武天皇」の時代であった。

奈良時代以後、「源平藤橘」という四姓が繁栄した一門として挙げられる。すなわち源氏、平氏、藤原氏、橘氏の四家である。この場合用いられる四姓の「姓」の字は、現代人が名字とする「姓」に似ている。さらに四家から分家した人々は地名などを名字とすることにより、現代の多様な姓になったのである。

「八色姓」はこの四姓とは明らかに異なる。前に挙げた八姓が名字のように姓名の先頭に来ることはない。「武内宿禰」の表現でもわかるように尾部に付く（表14・269ページ）。なぜ「天武天皇」の時代に、漢字伝来以前からある「姓」を改めて「八色姓」として制定したのだろうか。「八色姓」について詳しく吟味するため、制定の過程を箇条書きにして理解を深めたい。

天武紀一二年九月　三八氏（直6、首3、造29）に姓を賜ひて「連」と曰ふ。

　　　　十月　一四氏（吉士2、造5、史3、首1、直1、県主2）に姓を賜ひて「連」と曰ふ。

一三年十月　「更諸氏の族姓を改めて、八色の姓を作りて、天下の万姓を混す。」（引用資料二七－一）是の日に、……十三氏（公13）に姓を賜ひて「真人」と曰ふ。

十一月　五二氏（君11、臣39、連2）に姓を賜ひて「朝臣」と曰ふ。

十二月　五〇氏（連49、臣1）に、姓を賜ひて「宿禰」と曰ふ。

一四年六月　一一氏（連10、直1）に、姓を賜ひて「忌寸」と曰ふ。

この列記中の（　）には、各氏族が保持していた「姓」と氏族数を示している。その氏族の「姓」とは直《あたい》、首《おびと》、造《みやつこ》、吉士《きし》、史《ふみと》、県主《あがたぬし》、公《きみ》、君《きみ》、臣、連である。地方豪族（君）や渡来系氏族（吉士、史）も含まれている。

「八色姓」制定の経過を概観すると、注目すべき点がある。

①「姓」に上下の序列が見られる。
②「道師」と「稲置」のように賜姓の例がないとされる二姓が含まれる。
③「連」の賜姓のみが「八色姓」の詔の一年前に行われている。
①については『日本書記』に記載された順がそのまま序列になっていると考えられる。「真人」は公の一三氏のみが賜姓されたが、公とは明らかに皇室に由来する氏族だろう。天皇家と血統が近いことから最上級の「姓」となったようだ。
「朝臣」はアサオミがアソミに変化したのだが、後にはアソンと読まれ、徳川家康は「源朝臣家康」の名乗りで征夷大将軍を任じられた。将軍は源氏の棟梁がつく役職なので、天皇の直臣として上位の「朝臣」が賜姓されたのだろう。

天武天皇紀の「朝臣」の賜姓に一一氏の君が見られる。君とは独立性の強い地方豪族に与えられた称号であって、「姓」とは言い難い。しかし君自体が大和政権の下で有名無実化しているので、「姓」の上位に組み込まれたと考えられる。また「臣」の三九氏、「連」の二氏は朝廷内に優勢な力関係を保持していたから、上位の賜姓があったのだろう。

「宿禰」と「忌寸」はほとんど「連」の氏族が賜姓されている。「臣」の「姓」を持つ有力氏族が「朝臣」に格上げされたように、「連」の有力氏族が「宿禰」の姓を賜ったようだ。ただ「忌寸」に関して賜姓された氏の数が一一と少ないことが気になる。通常序列を付ける場合、下位ほど数が増すことが多いはずだ。この点について次の②と関連付けて考えたい。

②では「道師」、「稲置」の賜姓の記録が見られないことに注目した。「道師」と「稲置」は賜姓の記事が『記紀』にはないが、「稲置」と言う語は『記紀』に散見する。つまり稲置は新設の「姓」ではなく、すでにあった「姓」をそのまま据え置いて新たに加える氏族がなかったと考えられる。

同様のことは「臣」についても言える。「臣」から「朝臣」に三九氏が賜姓されたが、新たに「臣」を賜った氏族はいない。「臣」や「稲置」の「姓」を持つ氏族が多かったので、「八色姓」制定時に賜姓の必要がなかったと考えられる。

「道師」に賜姓がなかった理由は、「稲置」や「臣」とは逆に氏族の数が少なかったからではないか。少数氏族の「姓」にもかかわらず、なぜ「八色姓」に加えられているのか。「道師」という語が特殊な職種、特別の由来を持つと思える。例えば道路や街道の整備に関係するのだろうか。創造力を広げるならば、「神武天皇」が大和へ侵攻する際に道案内をした八咫烏の末裔に与えられた「姓」だったのかもしれない。さらに壬申の乱に「天武天皇」に味方し道案内をした地方豪族に与えた「姓」だとも考えられる。

前述した「忌寸」の賜姓された例が少ないことも、同様の理由のように思える。忌は忌まわしい、厭な、の意味である。寸は長さの単位であるが、人の気持ちを推し測る意味を持っている。字面の推測から「忌寸」とは宗教的役割、例えば葬送儀礼を司る「姓」だったのではないか。つまり「忌寸」や「道師」は少数氏族の「姓」であったが、特殊な職種という理由から「八色姓」に加えられた可能性はあるが、推測の域を出ない。

「天武天皇紀」一三年の「八色姓」制定の詔に先立つこと一年前に「連」の賜姓が二回五二氏族に行われている（注目点③）。なぜ「八色姓」の制定前になされたのだろうか。「八色姓」策定計画の最中に勇み足をしたのだろうか。あるいは試みに「連」のみを先行させたのか。詔が発せられる一年も前に「連」の賜姓があったことから、意図して制定に先行させた出来事とは考えにくい。

ありえることとして、まず単独で「連」の賜姓が行われた。古くからあった姓（直、首、造、県）や渡来系の氏族（吉士、史）に「連」の「姓」を与えることが、「天武天皇紀」一二年に行われた。この賜姓に対して、新たな「姓」、より上位の「姓」を望む人達がいたのではないか。皇族の末端にいる有能な公家、有名無実の称号「君」を与えられた地方豪族、「臣」や「連」の「姓」を持ちながら、さらに上位の「姓」

を望む有力者達などの声が「八色姓」の制定を推し進めたと考えたい。

この制定には今まで存在した「姓」の再編と、新たな時代に即応した序列の構築という目的が感じられる。だがそれ以上に深い意図があったのではないだろうか。それは「宿禰」を「姓」とする氏族の格下げ、勢力削減を目論むものだ。「八色姓」で第三位にある「宿禰」は新設の「真人」と「朝臣」がなければ「姓」の筆頭になる。

乙巳の変（西暦645年）により「宿禰」の中心的一族であった蘇我蝦夷、入鹿親子が滅び、大化の改新という天皇親政の時代になった。だがそれ以前の政治は蘇我氏の隆盛が何代にもわたり続いたために、「宿禰」氏族の多くが権政の中枢を占めることになった。「推古天皇」（三三代）までの重臣の登場頻度は圧倒的に「宿禰」が多い（表14）。「宿禰」には滅ぼされた蘇我本家だけでなく、平群氏や紀（紀伊）氏などの分家あるいは支族が多くいたのだろう。彼らは蘇我氏の政治支配の過程で役職に就き、行政面で経験を積んだ実務者であった。したがって「宿禰」の氏族を排除することは、行政に支障をきたすので不可能であった。

「天武天皇」の「八色姓」の制定は、「宿禰」の上に有能な公家（真人）や有力豪族、忠実な部下（朝臣）を置くことによって、朝廷内での「宿禰」の序列を下げる狙いがあったと考えてもいいのではないか。結果として「臣」から昇格した「朝臣」や公家の「真人」が朝廷内の実権を握り、「宿禰」を追い落とすことに成功したようだ。

最後に疑問が一つ。「八色姓」制定によって古い「姓」を整理、再編したが、古い「姓」の成立にはどのような経緯、由来があったのだろうか。古代社会の変遷を辿ると、「姓」は氏族社会の産物だと説明されている。「八色姓」制定時の詔にも「諸氏の族姓をあらためる（引用資料二七－二）」とある。血縁で繋がった氏族社会から「姓」はどのように生まれたのだろうか。

大和の主要な地は奈良盆地である。山に囲まれ大和川の支流が四方に放射状に分かれている（図4・157ページ）。川に沿って稲作可耕地を求めて集落が形成される。この集落は同族、すなわち共通の祖先を持つ血族集団によって構成されているだろう。集落が散在し単独で孤立している場合は、集落、あるいは住民である氏族に呼称は不要だ。

集落の数が増加し規模が大きくなると、集落間の接触（交易、婚姻、係争など）の機会が増す。このような交渉場面には集落の区別をするため、集落の名称、すなわち氏族の「姓」の名が必要とされる。では「姓」にどのような名前を付けたのだろうか。氏族間の交渉にはそれぞれの氏族の指導者が立ち会っただろう。代理人が交渉したとしても、最終的な決断は指導者が行ったはずだ。したがって氏族の呼称は指導者の名前に依ったのではないか。

オビト　＝首（かしら、人々を率いる人）

アタイ　＝直（まっすぐな人、元通りにする）

スクネ　＝宿（年を経ている）＋禰（尊称）

ミヤツコ＝造（つくる、材料を合わせてこしらえる）

これらの古い「姓」の呼び名に漢字を宛てる時にその意味に対応する漢字を選んだと考えるならば、氏族の指導者の呼称としてふさわしいのではないか。

ところが「臣」と「連」はこの呼称の由来とは異なるようだ。

オミ　＝臣（かしこまって仕える奴隷、家来）

ムラジ＝連（つらなった様、くっついて並ぶ）

この二つの「姓」の由来は複数人員の様子に関係するようだ。家来や奴隷を意味する「臣」と、並んで歩く兵隊を連想させる「連」は氏族社会の次に出現する首長制社会に関連する「姓」かもしれない。ただこれ以上話題の逸脱は避けた方が良いだろう。

古い「姓」が「八色姓」の詔により、どのような意図に基づき、その意味の変革がなされたかを、「宿禰」を中心に考えた。また「姓」自体の成立過程を古代の奈良盆地を俯瞰しつつ想像した。弥生時代の日本の一面を垣間見ることができたと思う。

表 14 『日本書紀』における宿禰出現の一覧

	天皇	年	宿禰	備考		天皇	年	宿禰	備考
3	安寧	3	大間宿禰		17	履中	(87)	羽田八代宿禰	
8	孝元	7	(武内宿禰の祖先)					平群木菟宿禰	
10	崇神	元	大海宿禰					物部大前宿禰	
		7	大水口宿禰				元	葦田宿禰	
11	垂仁	7	野見宿禰	出雲の勇士			2	平群木菟宿禰	国政参加
		25	大水口宿禰					蘇我満智宿禰	国政参加
			長尾市宿禰	大倭直の祖	19	允恭		男朝津間稚子宿禰王	
		32	野見宿禰	土部連等の祖			5	玉田宿禰	葛城曾津彦の孫
12	景行	3	武内宿禰	生まれる	20	安康	前	物部大前宿禰	
		25	武内宿禰	北陸、東方へ視察	21	雄略	前	坂合部連贄宿禰	
		27	武内宿禰	東国より帰還			2	吾子籠宿禰	
		40	忍山宿禰				9	紀小弓宿禰	
		51	武内宿禰	大臣とした				蘇我韓子宿禰	
			忍山宿禰	(穂積氏)				小鹿火宿禰	
13	成務	3	武内宿禰	大臣とした				紀大岩宿禰	紀小弓の子
14	仲哀	9	武内宿禰	天皇の遺体を九州から			18	物部菟代宿禰	
			田裳見宿禰	津守連の祖	23	顕宗	元	倭帒宿禰	近江狭狭城君の祖
	神功			息長宿禰王の娘				韓帒宿禰	
		元	五十狭茅宿禰	忍熊王の乱に加担			3	押見宿禰	壱岐県主の祖
			武内宿禰	乱鎮圧				紀生磐宿禰	
		13	武内宿禰		29	欽明	前	蘇我稲目宿禰大臣	
		46	斯摩宿禰	(志摩宿禰)			2	蘇我大臣稲目宿禰	
		47	武内宿禰				13	蘇我大臣稲目宿禰	
		51	武内宿禰				14	蘇我大臣稲目宿禰	
15	応神	3	紀角宿禰				16	蘇我大臣稲目宿禰	
			羽田八代宿禰				17	蘇我大臣稲目宿禰	
			石川宿禰				23	蘇我稲目宿禰大臣	
			木菟宿禰				31	蘇我大臣稲目宿禰	死す
			大浜宿禰	安曇連の祖	30	敏達	元	蘇我馬子宿禰	大臣とした
		7	武内宿禰	(池を作らせる)			3	蘇我馬子大臣	
		9	武内宿禰				4	馬子宿禰大臣	
			甘美内宿禰	兄武内宿禰を讒訴			13	蘇我馬子宿禰	
			武内宿禰	探湯(クガタチ)に勝つ			14	蘇我大臣馬子宿禰	
		16	平群木菟宿禰	加羅に派遣	31	用明	前	蘇我馬子宿禰	大臣とした
			的戸田宿禰	加羅に派遣			元	蘇我大臣馬子宿禰	
16	仁徳	前	淤宇宿禰	出雲臣の祖			2	蘇我馬子宿禰大臣	
		元	武内宿禰	大臣とした	32	崇峻	前	蘇我馬子宿禰	大臣とした
			木菟宿禰	武内宿禰の子			元	蘇我大臣馬子宿禰	
		12	盾人宿禰	的戸田宿禰の名を賜う			4	紀男麻呂宿禰	
			宿禰王	小泊瀬造の祖			5	蘇我馬子宿禰	
		17	砥田宿禰	戸田的臣の祖	33	推古	前		崇峻、馬子に殺される
		41	紀角宿禰	百済に派遣			11	蘇我大臣	
		50	武内宿禰		34	舒明		蘇我蝦夷臣	大臣たり

第二八話　武内宿禰

「武内宿禰」はその驚異的な長寿のために架空の人物とされている。「景行、成務、仲哀、応神、仁徳天皇」（一二代から一六代）の五代にわたって仕えたとある（表14、15・269、280ページ）。『日本書紀』の天皇即位年から推定すると三〇〇年の長寿である。二倍年暦（第三話）を考慮しても、一五〇才の寿命は考えられない。このような人物を登場させる『記紀』を信用するに値しないとする人達もいる。

この随筆で幾度となく論じていることがある。説明困難な部分は荒唐無稽で信用できないと言いつつ、自分に都合のいい解釈には利用する「つまみ食い」理論が多いことだ。今回「武内宿禰」の合理的な解釈を試み、説明がつかない部分については今後の課題として保留する姿勢を持ちたい。考察に入る前に「武内宿禰」に関する系図を概観したい。

巻末資料・天皇家族系図に示すように、出自は「孝元天皇」（八代、大倭根子日子《おおやまとねこひこ》国玖琉命《くにくるのみこと》、クニクル）となっている。この天皇が内色許男《うつしこお》の娘、伊迦賀色許売命《いかがしこめのみこと》に生ませた子が比古布都押之信命《ひこふつおしのまことのみこと》（フツオシ）であり、「武内宿禰」の父となる。この系図は『古事記』に記載されているが、『日本書紀』では「武内宿禰」をフツオシの孫としており、「景行天皇」（一二代）三年に屋主忍男雄心命《やぬしおしおたけをごころのみこと》（オシオタケ）が影媛（紀直《きのあたい》遠祖菟道彦女《うじひこむすめ》）を娶り、「武内宿禰」を生ませたとする記述がある（表15）。「孝元天皇」は「欠史八代」の天皇の一人で、『記紀』には史実が書かれてなく、存在が疑われている天皇である。「欠史八代」の天皇に関して、第一話で有力な氏族や長い系図を持つ一族を天皇家に組み込む企てが『記紀』編纂時にあった可能性を論じた。宿禰の姓を持つ一族は有力な氏族である。

宿禰一族は飛鳥時代前期に蘇我氏の興隆により繁栄し、蘇我蝦夷、入鹿親子の滅亡後も行政の実務者として政権に不可欠な存在だった（第二七話）。したがって宿禰氏族を皇統に取り込むために、宿禰一族の始祖を「欠史八代」の一人に組み入れたのではないだろうか。

クニクル―フツオシ―（オシオタケ）―タケシウチ―ヤシロ（羽田）、コガラ（許勢）、イシカワ（蘇賀）、ツク（平群）、ツノ（木）の系統が宿禰の姓を持つ一族に伝えられていたのだろう。その始祖であるクニクルを八代天皇に据えることにより、宿禰氏族はすべて皇統より派生する一族となった。

この強引な操作によって大きな無理が生じたと考えられる。時間軸の歪みである。始祖クニクルを、時間を遡って八代天皇とすることにより、宿禰一族の系図は伸びきらざるを得なかった。この歪んだ系図を『記紀』編纂者はどのように、処理したのか。その操作の結果が「武内宿禰」の長命をもたらしたように思える。

「武内宿禰」は五代の天皇に仕え、三〇〇年の長寿であると『記紀』の記述から計算できる。また「武内宿禰」の子とされる「木菟宿禰」は「仁徳天皇」（一六代）と同じ日に生まれたとあるが、彼は「履中天皇」（一七代）の政治に参加している（表14）。つまり年齢は一五〇才を超えることになり、二倍年で計算しても七〇年近く行政に携わっていたことになる。

「武内、木菟宿禰」親子の寿命が引き伸ばされる前の状態、つまり『記紀』編纂者が手を加える前に宿禰一族に伝えられた氏族の伝承とはどのようなものだったのだろう。『記紀』にはこの親子は「仲哀天皇」（一四代）から「履中天皇」（一七代）の期間に主に活躍したと記されている。この時期は巨大墳墓が多く造られていた、いわゆる「河内王朝」と一致する。

河内国は古代では凡河内と呼ばれた、摂津や和泉を含む大国であった（第一八話）。

農業生産力も大きく人口も多かったのだろう。したがって巨大な前方後円墳を数多く築造できる背景があった。このような地に政治権力が存在することは不思議ではない。ただ同時代に大和にあたる奈良盆地の政治状況はどうなっていたのか。

考えられる可能性は二つある。一つは「河内王朝」から代官が任命されて大和を統治していた。奈良盆地での有力者であった「武内宿禰」がその役目を担っていたかもしれない。もう一つは「大和天皇家」が存続して、二王朝が並立していた。『記紀』には後者の言及はなく、万世一系の「大和天皇家」が「河内王朝」であると主張している。二王朝並存の可能性については第三話に提示したが、「宿禰」一族は大和の地に拠点があったのだろう。

「武内宿禰」と子の「平群木菟宿禰」が親子で活躍していたならば、「武内宿禰」一族は元々大和の平群地域に地盤を持っていたと思われる。ところが奈良盆地の北西部の平群から一挙に南西部の羽田、許勢、蘇賀の地域に、さらに南へ山を越して木（紀伊）国の紀の川流域にまで勢力圏を拡げる政治力を振るった（巻末資料　天皇家族系図　第八代「孝元天皇」武内宿禰の項）。後の蘇我氏の隆盛の基がここにあるのだろう。

以上、古墳時代中頃の「河内王朝」と「武内宿禰」一族について述べたが、いよいよ「武内宿禰」親子の長命についての合理的な説明が可能か考えたい。問題の要は『記紀』編纂時に、時間軸の改変を行った形跡についてだろう。

「河内王朝」の登場人物は概ね長寿であるが、実際はもっと短命であったと仮定しよう。その場合各人物の寿命を水増ししたり、他所での情報を引用、挿入して内容を膨らませる行為があることにより、それぞれの天皇との交流があった「武内宿禰」の年齢も引き延ばされた可能性がある。二倍年暦を考慮すると、「河内王朝」がもっと短期になるかもしれない。

さらに「神功皇后」に関する『記紀』の記述に不可解な点がある。

①摂政在位期間が六九年（二倍年で三五年）と長く、「応神天皇」の即位が三五才まで遅れた。

②九州や朝鮮半島の新羅に出兵したとしている。古墳時代に遠征費用がどれほど必要かわからないが、かなりの負担であることはまちがいない。古墳建設費に加えて、九州や朝鮮半島への出兵となると財政は完全に破綻するだろう。

③『記紀』の中で唯一中国史書を引用している（引用資料二－一）。「神功皇后紀」三九年、四〇年、四三年の項に『魏志倭人伝』の景初三年（西暦２３９年）、正始元年（２４０年）、正始四年（２４３年）の記事が載せられているが、その内容

の説明、つまり「神功皇后」の関わりには一切触れていない。また「神功皇后紀」三九年以前、四三年以後の記事との関連も全くない。

中国史書の引用は「神功皇后」時代の記事に信憑性を増す意図があったのではないだろうか。ただこの一ヶ所のみ引用したことが腑に落ちない。魏志以外にも、『後漢書』や『宋史』も入手したはずだ。したがってこの箇所のみを引用したことは、「神功皇后紀」の信頼性を増すことにはならず、逆に記事の曖昧さをごまかす意図を感じさせる。

①②③は、『日本書記』の編纂者が「神功皇后紀」の時間軸を引き延ばす操作を企てた結果、生じた違和感だと思える。河内王朝の天皇の時間軸も同様の操作があったとすれば、王朝の実際の期間はもっと短くなる。これに追随して「武内宿禰」の寿命も河内王朝の時間軸の延長に対応して延ばされたので、実年齢はもっと短縮できるかもしれない。

「武内宿禰」の長寿に関しての別の方向からの解決案もある。ただこれは仮説の上に仮説を積むという好ましくない論考になるが、うまく問題解決に至る一試案として述べたいと思う。「第三話」皇統の接ぎ木説において、表2（44ページ）にその一例を示した。この表に「武内宿禰」長命の秘密を解く鍵があるのかもしれない。

皇統の接ぎ木説とは、第一三代から一七代天皇が二つの王朝、大和（日向）王朝と河内（近江）王朝に重複しており、これらの人物達を一つの系統に合体することにより、万世一系の皇統としたと考える仮説である。「武内、木菟宿禰」親子は奈良盆地の有力氏族なので、大和王朝に深く関与していると考えられる。

表2の「神武天皇」から始まる大和王朝における一三代から一七代の天皇の時間軸が『記紀』に示された数値より短いと仮定する。この場合「宿禰」親子が五代の天皇（「成務天皇」～「履中天皇」）の在位期間中、政務の補佐をしていたことはありうる。この大和王朝の出来事を、長命の人物が多い河内王朝の歴史と擦り合わせた結果、「武内宿禰」親子の寿命が不自然な数字となって表れたのではないだろうか。皇統の接ぎ木説を基にこのように上手く説明ができるということは、別の観点から導いた仮説（第三話）の信頼度もより高められたのかもしれない。

さらに「武内宿禰」の誕生を「景行天皇紀」三年としたことも接ぎ木の接点に連続性を持たせるために、『日本書紀』編纂時での工夫を感じさせる。『古事記』では「武内宿禰」は「孝元天皇」の孫と記載している。ところが『日本書紀』の景行天皇三年に屋主忍男雄心命の子として記され、「孝元天皇」の曽孫としている（表15）。

この『記紀』の差違について、考えられる理由は皇統の正確、精妙な時間設定に対する修正ではないだろうか。つまり「武内宿禰」を「孝元天皇」の孫とするには時代があまりにもズレているので、さらに一代水増しすることによって時間軸の調節を考えたように思える。

「景行天皇紀」三年「武内宿禰」誕生の設定には理由があったのではないだろうか。それは皇統の接ぎ目を不鮮明にして「景行天皇」から「垂仁天皇」への連続性を強調する意図である。そうすることにより大和王朝から河内王朝へと円滑に移行できるので、皇統の時間軸の正確さが保証される。その結果「武内宿禰」の寿命は異常に延びるが、『日本書紀』編纂の主旨からすれば些末なことにすぎないのだろう。

架空の人物と目される「武内宿禰」の寿命にこだわるのは、この随筆の決め事として『記紀』には捏造、創作の意図はないとしたからである。その線に沿って「武内宿禰」の実年齢を考察した。このこと以上に重要なことは、「武内宿禰」を祖とする宿禰一族の『日本書紀』での出現頻度が多いことである。これは「武内宿禰」やその子孫である蘇我氏が国政に参加していた結果と言うだけではない。

『記紀』編纂時に、天皇家のみならず、豪族に伝わる伝記、伝聞、歌謡などが集められたはずだ。その中から信頼性の高い情報を抽出して歴史書の体裁を整えただろう。中でも蘇我氏関係の資料は、内容の豊富さや正確性においても利用価値は十分あったのだろう。

これは『記紀』が成立する時期より百年前、「天皇記・国記」が蘇我馬子の主導の下に撰せられた（西暦620年）ことと関係するのではないだろうか。この二部の歴史書の現物あるいは写本が残っていた可能性について第九話にて論証した。ただ『記紀』の成立後は不都合な証拠として隠滅されただろう。

蘇我氏は崇仏派として早くから仏教に帰依して、仏典に接する機会も早かっただろう。したがって排仏派の物部氏や中臣氏に比べ、漢字の理解は進んでいたと思われる。蘇我馬子主導による国史編纂事業において、当然蘇我氏をはじめとする「宿禰」一族の情報収集にも力が注がれただろう。これらの情報が集められた時点ではあやふやな伝聞であったとしても、文字として残された場合にその情報の信頼性が高いと考える心理的な錯覚が生じる。

『記紀』の編纂時に歴史的資料を集めたところ、伝聞、伝承情報に加え、蘇我氏が集めた文字化した資料も多く含まれていたのではないだろうか。文字資料の信頼性に依存して、その情報の多くを利用したことが考えられる。したがって乙巳の変（西暦645年）により反逆者となった蘇我氏に対して、馬子以前の史実が『記紀』に多く出現するのは、馬子の歴史書編纂時に残されていた文字化した資料に頼らざるを得なかった事情があったように思える。

ちなみに「武内宿禰」の「武内」は現代人には名字と錯誤しがちだが、名前である。兄弟に「味師内宿禰」がいることからそれが理解できる。「武内」は「勇敢なウチ」であり、「味師内」は「(何らかの)技が巧みなウチ」だろう。

では「ウチ」とは何だろうか。「武内宿禰」の外戚の曽祖父に「内色許男」という人物がいる(巻末資料　第八代「孝元天皇」)。「宿禰」一族の始祖といえる「孝元天皇」の義父にあたる。

「カバネ」という語に「姓」という女偏の漢字を宛てたことは、「カバネ」が女性を基とした血族関係を意味したと考えられる。つまり母系社会の反映と受け取れる。通い婚によって生まれた子供は母親の「ウチ」一族に養育され、成人後は一族の後ろ楯を得ながら政治的、軍事的活躍が期待される。この母系社会を念頭におくと、「武内」、「味師内」の「ウチ」が「内」一族に育てられた人物と考えられないだろうか。

表 15 『日本書紀』における武内宿禰の年表

	天皇	年	事 跡	子供の登場
12	景行	3	屋主忍男雄心命　影媛（紀直遠祖菟道彦女）を娶り、武内宿禰を生む	
		25	武内宿禰を遣わして、北陸及び東方の諸国の地形、また百姓の消息を察しめたまう	
		27	武内宿禰　東国より帰還	
		51	稚足彦命を立てて皇太子とする　武内宿禰に命じて棟梁の臣とする	
13	成務	3	武内宿禰を以って大臣とする	
14	仲哀	9	皇后及び大臣武内宿禰、天皇の喪を匿めて天下に知らしめず、窃に天皇の屍を収めて、武内宿禰に付けて、海路より穴門に還る	
			大臣穴門より還り皇后に復奏す	
	神功	前	麛坂王、忍熊王の乱に際し、武内宿禰、皇子を紀伊に避難　武内宿禰　乱を鎮圧	
		13	武内宿禰に命じて、太子に従いて角鹿の笥飯大神へお拝み祀らしむ	
		47	（百済と新羅の悶着に）武内宿禰をして議を行わしむ	
		51	（百済王の朝貢に際し）皇太后、太子及び武内宿禰に語りて曰く	
15	応神	3		羽田八代宿禰
				羽田八代宿禰
				石川宿禰
				木菟宿禰
		7	武内宿禰に命じて諸の韓人等（高麗、百済、任那、新羅）を領ゐて池を作らしむ	
		9	武内宿禰を筑紫に遣わして、百姓を監察しむ　その隙に武内宿禰の弟甘美内宿禰が兄を讒訴　探湯（クガタチ）により武内宿禰勝ちぬ	
		16		木菟宿禰
16	仁徳	元	仁徳天皇の名　大鷦鷯（オオサザキ）の由来譚	木菟宿禰
			産屋に木菟（ミミズク）が入ってきたことを、武内宿禰が「吉祥なり」とした　大臣の子の産屋に鷦鷯（ミソサザイ）が入ったので鳥の名を相違えて太子にオオサザキと命名	
		41		羽田八代宿禰
		50	天皇と歌の問答	
17	履中	前		羽田八代宿禰
				木菟宿禰
				木菟宿禰

第二九話　ボタンの掛け違い

現在の古代史研究の進展状況には閉塞感がある。いわゆる通説を概観するとそのことがよく理解できる。弥生時代、文明の中心は中国大陸にあった。その文明が周辺に伝播した時、東方へは朝鮮半島を経て、倭国の北九州が窓口となった。北九州の遺跡から出土する鉄器や錦布は、この時代の他地域では出土例が極めて少ない。

ところが古墳時代になると、通説では様相が一変する。最古の前方後円墳と考えられている箸墓《はしはか》古墳が大和にあり、巨大古墳が河内と大和に多く存在することから、「大和大王家」が倭国を支配する「大和王権」の政治が始まったとしている。この政治体制が飛鳥、奈良時代に天皇家を中心とした大和政権へと発展した。

この教科書的な古代史は、戦後七〇年以上にわたり変化していないと言うより進展していない。問題点は「大和大王家」、「大和王権」の実態、実像がまったく見えないことにある。これらの用語には根拠がなく、『記紀』の中には見当たらない。この随筆においても「大和天皇家・大和王朝」と書き換えて、地方豪族の意味合いを持たせた。

古代史のこの袋小路を脱するためには発想の転換が必要だろう。これまで古代史をミスリードしてきた二ヶ所のボタンの掛け違いを是正することにより、歴史の流れを単純化し見通しやすくなる。

ボタンの掛け違いの一つ目は「古墳の大きさはドングリの背比べと考えるべき」ということだ。巨大な前方後円墳の存在が「大和王朝」の証明の一つと考えられているが、そう仮定するならば巨大古墳の被埋葬者は王すなわち天皇であるはずだ。二〇〇メートルを超える巨大な前方後円墳は奈良県に二一基、大阪府に一四基、岡山県に三基、群馬県に一基あるとされている（表8・111ページ）。

このように三九基のうち三五基が旧国名でいう大和と河内（和泉は後に分割されるが古墳時代は河内の一部）で占められている。この分布から古墳時代は大和王朝が倭国全体を支配していたとの説が当然のように支持された。しかしこの論理には矛盾があるようだ。

巨大古墳の存在が天皇の権力、威光を証明するものならば、天皇の墳墓はその権勢を反映しているはずだろう。つまり天皇墓として質的に他の墓と異なる様相、特徴があるべきではないか。例えば古墳時代最末期に出現した「八方墳」は特徴的な天皇墓かもしれない。しかし古墳時代を通じて前方後円の形が多く、それには天皇墓とそれ以外の墓に質的な差別はない。問題にされているのはその大きさである。歴代の天皇の陵墓が古墳の大きさランキングの上位を独占するとか、統一された規模の巨大古墳があれば、「大和王朝」の存在が古墳によって示されたことになるだろう。

実際には天皇墓と天皇以外の人物の墓との区別はつけにくく、どの古墳に天皇が埋葬されているのかさえ曖昧である。三九基の二〇〇メートル超の古墳に天皇以外の人物として、有力豪族の首長が葬られている可能性も高い。巨大古墳があるからといって、そこに強力な政治権力が存在する証明にはならない（第一〇話）。

さらに大和と河内以外に、古代に吉備国であった岡山県に二基の巨大古墳があり、これは地方豪族でも巨大古墳を築造できることを示している。つまり「大和王権」とは実体のない空虚な用語にすぎないと言える。結論として、古墳時代に倭国を支配する強権を持った天皇の古墳を特定することはできない。したがって古墳の大きさは「大和王朝」の象徴ではなく、被埋葬者の経済力に依存する結果（第一五話）と見なすべきだろう。

二つ目のボタンの掛け違いは「雄略天皇」が「倭の五王」の一人「倭王武」であり、

また「刀剣に象嵌されたワカタケル大王と同一人物だ」とする説だ。この図式の不合理を考察することにより、この説こそが日本の古代史を袋小路に迷走させる元凶だとわかる。

「倭王武」が中国皇帝に送った上表文では「東の毛人の国を征伐し、西の衆夷を服従させた。」とあった。毛人の国とは中部山岳地帯以東の「毛野国（群馬県、栃木県）」を含む関東平野のことで、その地を征伐したことを意味している。またそれより西の地域に住む多くの夷《えびす》（未開人）を服従させたとも言っている。弥生時代は北九州が文明の窓口であり、「倭の五王」の時代においても近畿地方から東海、関東の地域に割拠する豪族は夷と称してもおかしくない文明から遠い存在であったと考えられる。

「雄略天皇」は『日本書紀』に大泊瀬幼武天皇と記されていることから、名の一字「武」を採って倭王の名としたと説明されているが、こじつけにすぎない。「タケ」「タケル」を名に持つ人物は多人数存在し、『古事記』における「タケ」は「建」の字を宛てることからも理屈に合わないことは明らかだ（第二話）。

また「雄略天皇」の名の「幼武」が江田船山古墳や稲荷山古墳から出土の刀剣に刻まれた金文から読まれた「ワカタケル大王」と一致することにより、この大王が「雄略天皇」のことだと声高に叫ばれている。しかし「雄略天皇」が『記紀』において

「大王」と記載された例は一つもない。

「倭の五王」は倭国と南朝鮮五国の諸軍事安東（大）将軍位を求め、除正された記事が『宋書』に見られる（引用資料二－二）が、この将軍位を求めた天皇は一人もいない。「倭の五王」と天皇家との接点はまったくなく、「倭王武」と大泊瀬幼武（雄略）天皇の共通する「武」の一点をもって「倭王武」が「雄略天皇」だとする説にしがみつく姿は滑稽にさえ思える。

二ヶ所のボタンの掛け違いを是正することで、新たな「倭国記」が成立する。倭国は古墳時代を通し北九州に勢力を持つ倭王を盟主とする豪族の連合体であった。転換点は「継体天皇」の即位である。彼は対九州戦（磐井の乱）に勝利し、武力によって倭国を制圧した（第六話）。

しかし対外的には「大和天皇家」は倭国王とは認められず、遣隋使は民間使節扱いであった。遣唐使が正式の国使として中国史書（『旧唐書』）に記述されたのは、九州「天氏」より三種の神器を引き継ぎ、「天氏」宗家となった後であった（第六、二一話）。天皇が名実ともに倭国王になったのは、飛鳥時代後期だった。

終わりに

還暦を過ぎて、以前から興味のあった古代史を再び学習しようと思い立ち、『古事記』、『日本書紀』を読み直し始めた。雑然とした記述内容に十分な理解が得られないので、情報の整理、集約を考えた。まず『古事記』の登場人物を整理するため、各天皇の妻（后、妃）とその子供達の系譜を網羅した「天皇家族系図」（巻末資料）を作成した。この系図を片手に『古事記』を読むと理解しやすくなった。

『記紀』における天皇の誕生から崩御までの数値情報、立太子や即位などの年紀を集め一覧表にした。さらにこの随筆の話題の必要に応じて、『記紀』の頁をめくり直し情報の集約を行った。情報を一覧表に可視化することにより、問題を定量的に解析し考察の信頼性を高める手法を採ることができた。

一〇年ほど前からこのようにして得られた考察を文章に起こすことにした。初めは手探り状態で、疑問や違和感を覚えたことや、面白いと感じた事柄を、自分なりに解釈し考察を重ねた。順次書き進めると、従来考えていたものと異なる古代史の輪郭が見え始めた。

興味の広がる話題を幅広く考察し、奥深い関心を持った話題を掘り進めると、教科書的な日本の古代の様相とはまったく異なる倭国の風景が浮かび上がった。漢字の利用法に関する考察を突破口として、神代巻を精査し、宿禰一族の興亡を概観し、鉄剣に象嵌された金文を比較検討し、「王」の字義とはまったく異なる用法を理解すると、大和地域が古墳時代には「大和王権」など存在しない文化的後進地であると結論せざるを得なくなった。しかしこの説は今認められている古代史の考え方からすれば、異端である。

かつて地動説を唱えたガリレオ・ガリレイは異端の説として宗教裁判にかけられた。聖書のみが真理だとする信仰の圧力に屈し、彼は自説を放棄させられた。しかし裁判の後に彼は「それでも地球は動いている。」と囁いたとの逸話が残されている。後代論理的な解析により、地球が太陽の周りを回っているとする地動説を、誰もが「真理」として受け入れることになった。

ではこの随筆に述べられた「大和後進地説」は異端の審問にかけられるのだろうか。これまで誰も考えなかった異説に批判が集まるのだろうか。そうはならないだろう。

市井の一老人の唱える説などを、歴史学界（学会、出版関係、マスコミなど）は一顧だにしないだろう。『記紀』の中の都合の良い部分のみを取り上げて構築した古代史に異を唱える不謹慎な者を相手にする必要などないと考えるだろう。しかしそれでいいのか。

科学とは論理を究め、合理的な説明を加えることにより、事象や現象の奥にある真理を求める作業と言える。この随筆は日本の古代を語る文献『古事記』と『日本書紀』を集約、精査し、中国史書と照合して、古代史の疑問を合理的に解釈する姿勢を心掛けて記した。

しかるに現在流布されている古代史の諸説に、科学としての立脚点はあるのだろうか。「ワカタケル大王」を「大長谷若武（ワカタケル）命（雄略天皇）」だとする「つまみ食い」の悪癖に妥当性はあるのか。隋書に書かれた「阿毎多利思比孤」を『記紀』の中に求めて聖徳太子だとする「推理小説マニア」の手法に論理性を見いだせるのか。『日本書紀』に渡航が何度も記載された「遣隋使」が中国史書『隋書』にまったく記載されていない事実を、「ただ書かれなかっただけ」と言い訳する姿勢にどれほど説得力があるのか。

このような不合理な説によって組み立てられた古代史を六〇年前に学校で教えられ

たことに憤りを感じると同時に、現在もまだ子供達に授業で繰り返されることを思うと暗澹とした気持ちになる。大和地域から遺物が出土するたびに、「大和王権」の存在が証明されたと考古学者達は喜ぶ。だがその証明は合理性を持つのだろうか。

遺物がどこで製造されたのかを示さない限り、お宝がザクザク出るからといって「王権」の存在が立証されたことにはならないだろう。前漢鏡が古墳から出土した例があるように、遺物が外部から持ち込まれた可能性がある以上、「大和王権」を疑うべきだ。「大和王権」こそ古代史を袋小路に迷い込ませた元凶だろう。「大和地域は後進地」の認識の下で、古代史を再考する必要がある。

『旧唐書』には倭国と日本国に区別して記載されている。このことをもっと尊重すべきだろう。日本の古代史には「倭国史」と「日本国史」があり、「日本国史」は「継体天皇」から始まる史書となるはずだ。日本海に面した先進地域越前で育った「継体天皇」は、対九州戦に勝ち「倭国」の覇者となり「日本国」の始祖となった。「神武天皇」に始まる「先帝巻」では、登場する天皇の選択に悩まされるだろう。

「倭国史」は後漢光武帝による金印の除授の記事から書き始められるだろう。「王」の概念を教示された「委奴国王」は、倭国の建国を目指すことになっただろう。ただ神代巻の内容とどのように擦り合わせられるかが難しい問題になる。これらの史書を書く時間が自分自身にどれほど残されているのかわからない。この随筆の内容に共感を抱く若い研究者にその完成を願うばかりである。

引用資料集

一―一『古事記』中つ巻　懿徳天皇（四代）の「鉏友」について

「東のほう十二道の荒ぶる神、また伏はぬ人等を言向け和平せ。」とのりたまひて、吉備臣等の祖、名は御鉏友耳建日子を副へて遣はしし時、杠谷樹の八尋矛を給ひき。

一―二『日本書紀』巻第四　懿徳天皇（四代）の「鉏友」について

「……、即ち兵を挙げて撃たむ」とまうす。仍りて重ねて再拝みまつる。天皇、則ち吉備武彦と大伴武日連とに命せたまいて、日本武尊に従はしむ。

二―一「神功皇后紀」巻第九『魏志』引用の記事

三九年。是年《ことし》、太歳己未《つちのとひつじ》。魏志《ぎし》に云《い》はく、明帝《めいてい》の景初《けいしょ》の三年の六月、倭《わ》の女王《じょわう》、大夫《たいふ》難斗米等《ら》を遣《つかは》して、郡《こほり》に詣《いた》りて、天子に詣《いた》らむことを求《もと》めて朝献《てうけん》す。太守《たいしゅ》鄧夏、吏《り》を遣《つかは》して将《ゐ》て送《おく》りて、京都《けいと》に詣《いた》らしむ。

四〇年。魏志に云はく、正始《せいし》の元年に、建忠校尉梯携等《けんちうこういていけいら》を遣《つかは》して、詔書印綬《せうしょいんじゅ》を奉《たてまつ》りて、倭国《のわくに》に詣《いた》らしむ。

四三年。魏志《ぎし》に云《い》はく、正始《せいし》の四年、倭王、復使大夫《またつかひたいふ》伊声者掖耶約等《ら》八人《たり》を遣《つかは》して上献《しょうけん》す。

四六年の春三月《はるやよひ》の乙亥《きのとのい》の朔《ついたちのひ》に、斯摩宿禰《しまのすくね》を卓淳国《とくじゅんのくに》に遣す。

二―二　『宋書』夷蛮伝

太祖元嘉二年、（中略）讃死弟珍立、遣使貢献、自称使持節都督倭・百済・新羅・任那・秦韓・慕韓六国諸軍事・安東大将軍・倭国王、表求除正、詔除安東将軍・倭国王。

（元嘉）二八年、（済）加使持節都督倭・新羅・任那・加羅・秦韓・慕韓六国諸軍事・安東将軍如故、（以下省略）。

世祖大明六年詔曰、倭王世子興（中略）宜綬爵号、可安東将軍・倭国王。

順帝昇明二年、遣使上表曰、（中略）東征毛人、五十五国、西服衆夷、六十六国、渡平海北、九十五国（中略）詔除武使持節都督倭・新羅・任那・加羅・秦韓・慕韓六国諸軍事・安東大将軍・倭王。

四—一

『日本書紀』巻第三

「天祖《あまつみおや》の降跡《あまくだ》りましてより以逮《このかた》、今に一百七十《ももよろずとせあまりななそよろずとせあまり》九万二千四百七十余歳《ここのよろずとせあまりふたちとせあまりよほとせあまりななそとせあまり》。而《しか》るを、遼邈《とほくはるか》なる地《くに》、猶今《なほいま》だ王沢《みうつくしび》に霑《うるほ》はず。」

四—二

『日本書紀』巻第二　神代の系図

天照大神《あまてらすおおみかみ》—正哉吾勝勝速日天忍穂耳尊《まさやあかつかちはやひあまのおしほみみのみこと》
—天津彦彦火瓊瓊杵尊《あまつひこひこほのににぎのみこと》—彦火火出見尊《ひこほほでみのみこと》
—彦波瀲武鸕鷀草葺不合尊《ひこなぎさたけうがやふきあえずのみこと》—神武天皇

四—三

『古事記』上つ巻　神代の系図

天照大神《あまてらすおおみかみ》—正勝吾勝勝速日天忍穂耳命《まさかつあかつはやひあまのおしほみみのみこと》
—天邇岐支国邇岐支天津日高番能邇邇芸命《あめにきしくににきしあまつひこほのににぎのみこと》—火遠理命《ほをりのみこと》

―天津日高日子波限建鵜葺草葺不合命《あまつひこひこなぎさたけうがやふきふあえずのみこと》― 神武天皇

四－四 『日本書紀』巻第二 瓊瓊杵尊の子

火闌降命《ほのすそりのみこと》（火酢芹命・海幸彦）

彦火火出見尊《ひこほほでみのみこと》（山幸彦）

火明命《ほのあかりのみこと》

七－一 「神功皇后紀」巻第九 七支刀の記事

五十二年の秋九月の丁卯の朔丙子に、久氐等、千熊長彦に従ひて詣り。則ち七枝刀一口・七子鏡一面、及び種種の重宝を献る。

一三－一 『日本書紀』巻第三 神武天皇 山の民への恩賞

①弟猾《おとうかし》に猛田邑《たけだのむら》を給《たま》ふ。因《よ》りて猛田県主《たけだのあがたぬし》とす。

②弟磯城《おとしき》、名《な》は黒速《くろはや》を、磯城県主《しきのあがたぬし》とす。

③頭八咫烏《やたのからす》、亦賞《またたまひもの》の例《つら》に入《い》る。其《そ》の苗裔《のち》は、即ち葛野主殿県《かずののとのもりのあがた》主部《ぬしら》是《これ》なり。

一八－一　『旧唐書』倭国伝日本伝

日本国は倭国の別種なり。其の国日辺に在るを以って、故に日本を以って名と為す。或は云う、倭国自ら其の名の雅ならざるを悪み、改めて日本と為すと。或は云う、日本は旧小国、倭国の地を併せたりと。

一八－二　『新唐書』東夷伝・日本

日本古倭奴也。……彦瀲子神武立、更以天皇為号、徒治大和州。

二十－一　『万葉集』巻第一　一番　雄略天皇　御製歌

籠毛与《こもよ》　美籠母乳《みこもち》　布久思毛与《ふくしもよ》　美夫君志持《みぶくしもち》　此岳尓《このをかに》　菜採須児《なつますこ》
名告紗根《なのらさね》　虚見津《そらみつ》　山跡乃国者《やまとのくには》　押奈戸手《おしなべて》　吾許曾居《われこそをれ》
師吉名倍手《しきなべて》　吾己曾座《われこそいませ》　我許背歯《われこそは》　告目《のらめ》　家呼毛名雄母《いえをもなをも》

二十－二　『万葉集』巻第一　二番　舒明天皇　御製歌

山常庭《やまとには》　村山有等《むらやまあれど》　取与呂布《とりよろふ》　天乃香久山《あまのかぐやま》　騰立《のぼりたち》　国見乎為者《くにみをすれば》

国原波《くにはらは》　煙立竜《けぶりたちたつ》　海原波《うなはらは》　加万目立多都《かまめたちたつ》　怜呵国曾《うましくにそ》　蜻島《あきつしま》
八間跡能国者《やまとのくには》

二十ー三
『隋書』倭国伝
「有阿蘇山、其石無故火起接天者、俗以為異、因行禱祭」
（阿蘇山有り。其の石、故無くして火起り天に接する者、俗以って異と為し、因って禱祭を行う。）

二一ー一
『古事記』上つ巻「三種の神器」授与の記述
「ここに天兒屋命、布刀玉命、天宇受賣命、伊斯許理度賣命、玉祖命、幷せて五伴緒を支ち加へて、天降したまひき。ここにその招きし八尺の勾玉、鏡、また草薙劒、また常世思金神、手力男神、天石門別神を副へ賜ひて、……」

二一ー二
『日本書紀』巻第二「三種の神器」授与の記述
「天照大神、乃ち天津彦彦火瓊瓊杵尊（注）に、八坂瓊の曲玉及び八咫鏡・草薙剣、三種の宝物を賜ふ。」

（注）神武天皇の曽祖父とされている人物

二三－一　『宋書』夷蛮伝

「竊自假開府儀同三司（ひそかに自ら開府儀同三司を仮す）」

二四－一　『万葉集』巻第九　一六六四番　雄略天皇御製歌

暮去者《ふゆされば》　小椋山尓《おぐらのやまに》　臥鹿之《ふすしかし》　今夜者不鳴《こよひはなかず》　寐家良霜《いねにけらしも》

（舒明天皇御製歌の疑いがある。）

二四－二　『万葉集』巻第二　八五番～八八番　仁徳天皇　皇后御作歌　四首

君之行《きみがゆき》　気長成奴《けながくなりぬ》　山多都祢《やまたづね》　迎加将行《むかえかゆかむ》　待尓可将待《まちにかまたむ》

如此許《かくばかり》　恋乍不有者《こいつつあらずば》　高山之《たかやまの》　磐根四巻手《いわねしまきて》　死奈麻死物呼《しなましものを》

有管裳《ありつつも》　君乎者将待《きみをばまたむ》　打靡《うちなびく》　吾黒髪尓《わがくろかみに》　霜乃置万手日《しものおくまでに》

秋田之《あきのたの》　穂上尓霧相《ほのうえにきらふ》　朝霞《あさがすみ》　何時辺乃方二《いつへのかたに》　我恋将息《あがこいやまむ》

二五－一　『日本書紀』巻第三　神武天皇

「昔我天神、高皇産靈尊・大日孁尊、擧此豊葦原瑞穂国、而授我天祖彦火瓊瓊杵尊。於是、火瓊瓊杵尊、闢天關披雲路、駈仙蹕以戻止。是時、運屬鴻荒、時鐘草昧。故蒙以養正、治此西偏。皇祖皇考、乃神乃聖、積慶重暉、多歴年所。自天祖降跡以逮、于今一百七十九萬二千四百七十餘歲。而遼邈之地、猶未霑於王澤。」

二五－二　『古事記』中つ巻　神武天皇の冒頭

「神倭伊波禮毘古命、與其伊呂兄五瀬命二柱、坐高千穂宮而議云、坐何地者、平聞看天下之政。猶思東行。卽自日向発、幸行筑紫。」
(神倭《かむやまと》伊波禮毘古《いはれびこの》命、その同母兄《いろせ》五瀬《いつせの》命と二柱、高千穂宮《たかちほのみや》に坐《ま》して議《はか》りて云《の》りたまひけらく、「何地《いづこ》に坐《ま》さば、平らけく天《あめ》の下《した》の政《まつりごと》を聞《き》こしめさむ。なほ東《ひむがし》に行かむ。」とのりたまひて、すなはち日向《ひむか》より発《た》たして筑紫に幸《い》行でましき。)

二七－一　『日本書紀』巻第二九　天武天皇一三年　八色姓の改変

冬十月《ふゆかむなづき》の己卯《つちのとのう》の朔《ついたちのひ》に、詔《みことのり》して曰《のたま》はく、「更《また》諸氏《もろもろのうぢ》の族姓《かばね》を改《あらた》めて、八色《やくさ》の姓《かばね》を作《つく》りて、天下《あめのした》の万姓《よろずのかばね》を混《まろか》す。一《ひと》つに曰《い》はく、真人《まひと》。二《ふた》つに曰はく、朝臣《あそみ》。三《み》つに曰はく、宿禰《すくね》。四《よ》つに曰はく、忌寸《いみき》。五《いつ》つに曰はく、道師《みちのし》。六《む》つに曰はく、臣《おみ》。七《なな》つに曰はく、連《むらじ》。八《や》つに曰はく、稲置《いなき》」。

巻末資料　天皇家族系図（古事記より）

※「娶」は右の人物の妻、「┌↓」は子供、「女」は娘を示す。

神武天皇　初代

神倭伊波礼毘古命

娶　阿比良比売（日向阿多の小碕の君の妹）

┌↓多芸志美美命

┌↓岐須美美命

娶　伊須気余理比売（三島溝咋の女と美和大物主神の子）

┌↓日子八井命

┌↓神八井命（意富臣、小子部連、坂相部連、火君、大分君、阿蘇君、筑紫の三家連、雀部臣、雀部造、小長谷造、都祁直、伊余国造、科野国造、

道奥石城国造、常道の中国造、長峡国造、伊勢船木直、尾張丹羽臣、島田臣等の祖）

┗→神沼河耳命（二代　綏靖天皇）

綏靖天皇　二代

神沼河耳命

娶　河俣比売（師木県主の祖）

┗→**師木津日子玉出見命（三代　安寧天皇）**

安寧天皇　三代

師木津日子玉出見命

娶　阿久斗比売（河俣比売の兄　県主波延の女）

┗→常根津日子伊呂泥命

┗→**大倭日子鉏友命（四代　懿徳天皇）**

┗→師木津日子命

┗→一子（伊賀須知稲置、那婆理稲置、三野稲置の祖）

└→和知都美命（淡道御井宮）
　└→蠅伊呂泥（意富夜麻登久邇阿礼比売命）
　└→蠅伊呂杼

懿徳天皇　四代

大倭日子鉏友命

娶　賦登麻和訶比売命（飯日比売命　師木県主の祖）

└→御真津日子訶恵志泥命（五代　孝昭天皇）

└→多芸志比古命（血沼の別、多遅麻の竹別、葦井の稲置の祖）

孝昭天皇　五代

御真津日子訶恵志泥命

娶　余曽多本毘売命（奥津余曽の妹　尾張連の祖）

└→天押帯日子命（春日臣、大宅臣、粟田臣、小野臣、柿本臣、壹比葦臣、大坂臣、阿那臣、多紀臣、羽栗臣、知多臣、牟邪臣、都怒山臣、伊勢の飯高君、壹師君、近淡海国造の祖）

┌→大倭帯日子国押人命（六代　孝安天皇）

孝安天皇　六代

大倭帯日子国押人命

娶　姪忍鹿比売

┌→大吉備諸進命

┌→大倭根子日子賦斗邇命（七代　孝霊天皇）

孝霊天皇　七代

大倭根子日子賦斗邇命

娶　細（くわし）比売（十市県主の祖　大目の女）

┌→大倭根子日子国玖琉命（八代　孝元天皇）

娶　春日の千千速真若比売

┌→千千速比売命

娶　意富夜麻登玖邇阿礼比売命（安寧天皇の曽孫）

┌→夜麻登母母曽毘売命

┌→日子刺肩別命（高志の利波臣、豊国の国前臣、五百原君、角鹿の海直の祖）
┌→比子伊佐勢理毘古命（大吉備津日子命　吉備の上つ道臣の祖）
┌→倭飛羽矢若屋比売
娶　蠅伊呂泥（阿礼比売の妹　安寧天皇の曽孫）
┌→日子寝間命（針間の牛鹿臣の祖）
┌→若日子建吉備日子命（吉備の下つ道臣、笠臣の祖）

孝元天皇　八代

大倭根子日子国玖琉命
娶　内色許売命（内色許男命の妹　穂積臣等の祖）
┌→大毘古命
┌→建沼河別命（阿部臣等の祖）
┌→比古伊那許志別命（膳臣の祖）
┌→少名日子建猪心命
┌→**若倭根子日子大毘毘命（九代　開化天皇）**
娶　伊迦賀色許売命

└→比古布都押之信命
　娶　葛城の高千那毘売（意富那毘の妹　尾張連等の祖）
　　└→味師内宿禰
　娶　山下影日売（宇豆比古妹　木国造の祖）
　　└→建内宿禰（別に表示）
娶　波邇夜須毘売（河内の青玉の女）
　└→建波邇夜須毘古命（崇神天皇のとき、山代にて反乱）

建内宿禰　系図

比古布都押之信命（八代　孝元天皇の皇子）
娶　山下影日売（宇豆比古妹　木国造の祖）
　└→建内宿禰
　　└→羽田八代宿禰（羽田臣、林臣、波美臣、星川臣、淡海臣、長谷部君の祖）
　　└→許勢小柄宿禰（許勢臣、雀部臣、軽部臣の祖）
　　└→蘇賀石川宿禰（蘇賀臣、川辺臣、田中臣、高向臣、小治田臣、桜井臣、岸田臣等の祖）

┗平群都久［木菟］宿禰（平群臣、佐和良臣、馬御織連等の祖）
┗木［紀］角宿禰（木臣、都奴臣、板本臣の祖）
┗久米摩伊刀比賣
┗怒能伊呂比賣
┗葛城長江曾都毘古（玉手臣、的臣、生江臣、阿芸那臣等の祖）
　┗若子宿禰（江野財臣の祖）

開化天皇　九代

若倭根子日子大毘毘命

娶　高野比売（旦波の大県主、由碁理の女）
　┗比古由牟須美命
　　┗大筒木垂根王
　　┗讃岐垂根王

娶　伊迦賀色許売命（義母）
　┗**御真木入日子印恵命（一〇代　崇神天皇）**
┗御真津比売命（崇神天皇の后）

娶　意祁都比売命（日子国意祁都命妹）
┌→日子坐王（別に表示）
娶　鸇比売（葛城の垂見宿禰女）
┌→建豊波豆羅和気（王　道守臣、忍海部造、稲羽の忍海部、丹波の竹野別、依り網の阿毘古等の祖）

日子坐王　系図

若倭根子日子大毘毘命（九代　開化天皇）
娶　意祁都比売命（日子国意祁都命妹・和爾臣の祖）
┌→日子坐王
娶　苅幡戸辨（山代の荏名津比売）
┌→大俣王
┌→曙立王（伊勢の品遅部君、佐那造の祖）
┌→菟上王（比売陀君の祖）
┌→小俣王（當麻の勾君の祖）
┌→志夫美宿禰王（佐佐君の祖）

娶　沙本大闇見戸売（春日の建国勝戸売の女）
↓沙本毘古王
↓沙本毘売（佐波遅比売、一一代垂仁天皇后）
↓袁祁本王
↓室毘古王

娶　息長水依比売（近淡海御上の天御影神の女）
↓丹波比古多多須美知能宇斯王
　娶　摩須郎女（丹波の河上）
　↓比婆須比売（一二代景行天皇母）
　↓真砥野比売
　↓弟比売
　↓朝廷別王（三川の穂別の祖）
↓水之穂真若王
↓神大根王（八爪入日子王　三野国の本巣国造、長幡部連の祖）
↓水穂五百依比売
↓御井津比売

娶　弟意祁都比売命（叔母）
┌→山代の大筒木真若王
娶　丹波の阿治佐波毘売（弟　伊理泥王女）
┌→迦邇米雷王
娶　高材比売（丹波の遠津臣女）
┌→息長宿禰王
娶　葛城高額比売
┌→息長帯比売（神功皇后）
┌→虚空津比売
┌→息長日子王（吉備の品遅君、針間の阿宗君の祖）
娶　河俣稲依毘売
┌→大多牟坂王（多遅麻国造の祖）
┌→比古意須王
┌→伊理泥王
┌→丹波能阿治佐波毘売

崇神天皇　一〇代

御真木入日子印恵命

娶　遠津年魚目目微比売（木国造　荒川戸辨女）

┗→豊木入日子命（上つ毛野、下つ毛野君の祖）

┗→豊鉏入日売命（伊勢神宮の祀り）

娶　意富阿麻比売（尾張連の祖）

┗→大入杵命

┗→八坂の入日子命

┗→沼名木の入日売命

┗→十市の入日売命

娶　御真津比売命（開化天皇と伊迦賀色許売命女）

┗→**伊久米入日子伊佐知命**（一一代　垂仁天皇）

┗→伊邪能真若命

┗→玖邇片比売命

┗→千千都久和比売命

┗→伊賀比売命

└倭日子命

垂仁天皇　一一代

伊久米入日子伊佐知命

娶　佐波遲比売命（沙本毘売　開化天皇の孫）

└品牟都和気命

娶　比羽須比売命（日子坐王の子　旦波比古多多須美知宇斯王の女）

└印色入日子命

└**大帯日子淤斯呂和気命（一二代　景行天皇）**

└大中津日子命

└倭比売命

└若木入日子命

娶　沼羽田入比売命（比羽須比売命妹）

└沼帯別命

└伊賀帯日子命

娶　阿邪美伊理毘売（比羽須比売命妹）

└伊許婆夜和気命（沙本穴太部別の祖）
└阿邪美都比売命
娶　迦具夜比売命（開化天皇の孫　大筒木垂根王の女）
└袁祁弁王
娶　苅羽田刀弁（山代の大国の淵の女）
└落別王（小月の山君、三川の衣君の祖）
└五十日帯日子王（春日の山君、高志の池君、春日部の君の祖）
└伊登志別王（伊登部）
娶　弟苅羽田刀弁
└石衝別王（羽咋の君、三尾の君の祖）
└石衝毘売命（布多遅能伊理毘売命　倭建の妻）

景行天皇　一二代

大帯日子淤斯呂和気命

娶　針間の伊那毘能大郎女（吉備臣の祖、若建吉備津日子命の女）
└櫛角別王（茨田の下の連の祖）

娶

- **大碓王**（守君、大田君、島田君の祖　別に系図表示）
- **小碓王**（倭男具那命　日本武尊命　別に系図表示）
- 倭根子王
- 神櫛王（木国の酒部の阿比古、宇多の酒部の祖）

八坂の入日売命（一〇代崇神天皇の子　八尺の入日子命の女）

- **若帯日子命（一三代　成務天皇）**
- 五百木の入日子命
  - 品陀真若王（娘　応神天皇の妃）
- 押別王
- 五百木の入日売命

娶　妾

- 豊戸別王
- 沼代郎女

娶　妾

- 沼名木郎女
- 香余理比売命

┌→若木の入日子王
┌→吉備の兄日子王
┌→高木比売命
┌→弟比売命
娶　日向の美波迦斯毘売
┌→豊国別王
娶　伊那毘能若郎女（伊那毘能大郎女の妹）
┌→真若王
┌→日子人の大兄王
娶　訶具漏日売（倭建命の曽孫）
┌→大江王
┌→大名方王
┌→大中比売命（仲哀天皇の妃）

大碓王　小碓王の系図

大帯日子淤斯呂和気命（一二代　景行天皇）

娶　針間の伊那毘能大郎女

└→**大碓王**

　娶　兄比売（三野国造の祖　大根王の女）

　　└→押黒兄比古王（三野の宇泥須和気の女）

　娶　弟比売

　　└→押黒弟比古王（牟宜都君等の祖）

└→**小碓王**（倭建命　日本武尊）

　娶　布多遅能伊理毘売（垂仁天皇の娘）

　　└→**帯中津日子命（一四代　仲哀天皇）**

　娶　弟橘比売

　　└→若建王

　　　娶　飯野真黒比売

　　　　└→須売伊呂大中日子王

　　　　　娶　柴野比売（淡海の柴野入杵の女）

　　　　　　└→迦具漏比売（景行天皇の妃）

娶　布多遅比売（淡海の安国造の祖、意富多牟和気の女）

┌稲依別王（犬上君、建部君等の祖）

娶　大吉備建比売（吉備建日子の妹）
　┌建貝兒王（讃岐の綾君、伊勢の別、登袁の別、麻佐の首、宮首の別等の祖）

娶　山代の玖玖麻毛理比
　┌足鏡別王（鎌倉の別、小津石代の別漁田の別の祖）

娶　一妻
　┌息長田別王
　　┌杙俣長日子王
　　　┌飯野真黒比売命
　　　┌息長真若中比売（応神天皇の妃）
　　　┌弟比売

成務天皇　一三代

若帯日子命

娶　弟財郎女（穂積臣等の祖、建忍山垂根の女）

└→和訶奴気王

仲哀天皇　一四代

帯中津日子命

娶　大中津比売命（大江王の女　景行天皇の孫）

└→香坂王、忍熊王

娶　息長帯比売命（神功皇后）

└→品夜和気命

└→大鞆和気命（品陀和気命　一五代　応神天皇）

応神天皇　一五代

品陀和気命

娶　高木の入比売命（景行天皇の孫　品陀真若王の女）

└→額田大中日子命

└→大山守命

└→伊奢之真若命

└→妹大原郎女
└→高目郎女
娶　中比売命（高木の入比売命の妹）
└→木の荒田郎女
└→**大雀命（一六代　仁徳天皇）**
└→根鳥命
娶　弟比売命（高木の入比売命の妹）
└→阿倍郎女
└→阿具知の三腹郎女
└→木の三野郎女
└→三野郎女
娶　宮主矢河枝比売（和爾の比布礼能意富美の女）
└→宇遅能和紀郎子
└→妹八田若郎女
└→女鳥王
娶　袁那弁郎女（宮主矢河枝比売の妹）

┌→宇遅之若郎女
娶　息長真若中比売（景行天皇の孫　杙俣長日子王の女）
┌→若沼毛二俣王
娶　糸井比売（桜井の田部連の祖　島垂根の女）
┌→速総別王
娶　日向の泉長比売
┌→大羽江王
┌→小羽江王
┌→幡日之若郎女
娶　迦具漏比売（景行天皇の玄孫）
┌→川原田郎女
┌→玉郎女
┌→忍坂大中比売
┌→登富志郎女
┌→迦多遅王
娶　葛城の野伊呂売

└→伊奢能麻和迦王

仁徳天皇　一六代

大雀命

娶　石之比売命（葛城の曽都毘古の女）

└→**大江の伊邪本和気命（一七代　履中天皇）**

└→墨江の中津王

└→**蝮の水歯別命（一八代　反正天皇）**

└→**男浅津間若子宿禰命（一九代　允恭天皇）**

娶　髪長売命（日向諸縣君牛諸の女）

└→波多毘能大郎子（大日下王　大日下部定）

└→波多毘能若郎女（長日比売命　若日下部命　雄略天皇妃）

娶　八田若郎女（髪長売命の庶妹）

娶　宇遅能若郎女（髪長売命の庶妹）

履中天皇　一七代

伊邪本和気命

娶　黒比売命（葛城の曽都毘古の子　葦田宿禰の女）

┌→市辺の忍歯王

　┌→**袁祁王（二四代　仁賢天皇）**

　┌→**意祁の石巣別王（二三代　顕宗天皇）**

┌→御馬王

┌→青海郎女（飯豊郎女）

反正天皇　一八代

蝮の水歯別命

娶　都怒郎女（丸邇の許碁登臣の女）

┌→甲斐郎女

┌→都夫良郎女

娶　弟比売（都怒郎女の妹）

┌→財王

┌→多許弁郎女

允恭天皇　一九代

男浅津間若子宿禰命

娶　忍坂大中津比売命（意富本杼王の妹）

┌→木梨の軽王

┌→長田大郎女

┌→境の黒日子王

┌→**穴穂命（二〇代　安康天皇）**

┌→軽の大郎女（衣通郎女）

┌→八瓜の白日子王

┌→**大長谷命（二一代　雄略天皇）**

┌→橘大郎女

┌→酒見郎女

安康天皇　二〇代

穴穂命

娶　長田大郎女（允恭天皇の女）

雄略天皇　二一代
大長谷若建命
娶　若日下部王（仁徳天皇の子　大日下王の妹）
娶　韓比売（都夫良意富美の女）
→白髪命（**白髪大倭根子命　二二代　清寧天皇**）
→妹若帯日売命

清寧天皇　二二代
白髪大倭根子命
子がなく、履中天皇の子　市辺押歯王の二子　意祁命、袁祁命を発見。

顕宗天皇　二三代
娶　難波王（石木王の女）

仁賢天皇　二四代
娶　春日大郎女

└→高木郎女
└→財郎女
└→久須毘郎女
└→手白髪郎女（継体天皇の妃）
└→**小長谷若雀命（二五代　武烈天皇）**
└→真若王
娶　糠若子郎女
└→春日の山田郎女

武烈天皇　二五代
小長谷若雀命

継体天皇　二六代
袁本杼命（応神天皇の五世孫）
娶　若日売
└→大郎女

┌→出雲郎女

娶　目子郎女（尾張連等の祖、凡連の妹）

┌→**広国押建金日命**（二七代　安閑天皇）

┌→**建小広国押楯命**（二八代　宣化天皇）

娶　手白髪命（仁賢天皇の子）

┌→**天国押波流岐広庭命**（二九代　欽明天皇）

娶　麻組郎女（息長真手王の女）

┌→佐佐宜郎女

娶　黒比売（坂田大俣王の女）

┌→神前郎女

┌→田郎女

┌→白坂活日子郎女

┌→野郎女（長日比売）

娶　倭比売

┌→大郎女

┌→丸高王

↓耳王
↓赤比売郎女
娶　阿倍の波延比売
↓若屋郎女
↓都夫良郎女
↓阿豆王

安閑天皇　二七代
広国押建金日命
子なかりき

宣化天皇　二八代
建小広国押楯命
娶　橘中比売命
↓石比売命
↓小石比売命

└→倉の若江王

娶　川内の若子比売

└→火穂王

└→恵波王

欽明天皇　二九代

天国押波流岐広庭命

娶　石比売命（宣化天皇の子）

└→八田王

└→**沼名倉太玉敷命（三〇代　敏達天皇）**

└→笠縫王

娶　小石比売命（石比売命の妹）

└→上王

娶　糖子郎女（春日の日瓜臣の女）

└→春日山田郎女

└→麻呂古王

┌→宗賀の倉王

娶　岐多斯比売（宗賀稲目宿禰大臣の女）

┌→橘豊日命（三一代　用明天皇）

┌→妹石垧王

┌→足取王

┌→豊御気炊屋比売命（三三代　推古天皇）

┌→亦麻呂古王

┌→大宅王

┌→伊美賀古王

┌→山代王

┌→妹大伴王

┌→桜井の玄王

┌→麻奴王

┌→橘の本の若子王

┌→泥杼王

娶　小兄比売（岐多斯比売の姨）

┗馬木王
┗葛城王
┗間人穴太部王
┗三枝部穴太部王（須売伊呂杼）
┗**長谷部の若雀命（三二代　崇峻天皇）**

敏達天皇　三〇代

沼名倉太玉敷命

娶　豊御気炊屋比売命（三三代　推古天皇　庶妹）

┗静貝王（貝鮹王）
┗竹田王（小貝王）
┗小治田王
┗葛城王
┗宇毛理王
┗小張王
┗多米王

┌↓桜井の玄王

娶　小熊子郎女（伊勢の大鹿首の女）

┌↓布斗比売命

┌↓寶王（糠代比売王）

娶　比呂比売命（息長真手王の女）

┌↓忍坂の日子人の太子（麻呂古王）

娶　田村王（糠代比売王）

┌↓橘の豊日命（三四代　舒明天皇）

┌↓中津王

┌↓多良王

娶　大俣王（漢王の妹）

┌↓智奴王（茅渟王）

┌↓皇極（斉明）天皇（三五・三七代）、孝徳天皇（三六代）

┌↓妹桑田王

娶　玄王（庶妹）

┌↓山代王

↓笠縫王

↓坂騰王

↓宇遅王

娶　老女子郎女　―　難波王、桑田王、春日王、大俣王

用明天皇　三一代

橘豊日命

娶　意富芸多志比売（稲目大臣の女）

↓多米王

娶　間人穴太部王（庶妹）

↓上宮の厩戸豊聴耳命（聖徳太子）

↓久米王

↓植栗王

↓茨田王

娶　飯女の子（当麻の倉首比呂の女）

↓当麻王

└妹須賀志呂古郎女

崇峻天皇　三二代

長谷部の若雀命

推古天皇　三三代

豊御気炊屋比売命

引用参考文献

・古事記（文庫版）　倉野憲司校注　岩波書店　二〇一六年刊行
・日本書紀㈠・㈢（文庫版）　坂本太郎・家永三郎　岩波書店　井上光貞・大野晋 校注　二〇一四年刊行
・日本書紀㈡・㈤（文庫版）　坂本太郎・家永三郎　岩波書店　井上光貞・大野晋 校注　二〇一五年刊行
・日本書紀㈣（文庫版）　坂本太郎・家永三郎　岩波書店　井上光貞・大野晋 校注　二〇一六年刊行
・原文万葉集　上（文庫版）　佐竹昭広・山田英雄・工藤力男　岩波書店　大谷雅夫・山崎福之 校注　二〇一五年刊行

〈著者紹介〉
大津荒丸（おおつ あれまる）
1947年　大阪市に生まれる。
1965年　名古屋大学入学。
1974年　医科大学の基礎部門において教育、研究に従事。
1990年　家業（不動産賃貸業）を手伝う。
2021年　隠居、年金生活に入る。

いにしえの散歩道《さんぽみち》

2024年5月17日　第1刷発行

著　者　　大津荒丸
発行人　　久保田貴幸

発行元　　株式会社 幻冬舎メディアコンサルティング
〒151-0051　東京都渋谷区千駄ヶ谷4-9-7
電話　03-5411-6440（編集）

発売元　　株式会社 幻冬舎
〒151-0051　東京都渋谷区千駄ヶ谷4-9-7
電話　03-5411-6222（営業）

印刷・製本　中央精版印刷株式会社
装　丁　　弓田和則

検印廃止

Printed in Japan
ISBN 978-4-344-69041-7 C0095
幻冬舎メディアコンサルティングＨＰ
https://www.gentosha-mc.com/